I0669642

Wilhelm Wackernagel

Über den Ursprung und die Entwickelung der Sprache

Wilhelm Wackernagel

Über den Ursprung und die Entwickelung der Sprache

ISBN/EAN: 9783744600484

Hergestellt in Europa, USA, Kanada, Australien, Japan

Cover: Foto ©ninafisch / pixelio.de

Weitere Bücher finden Sie auf **www.hansebooks.com**

Oeffentliche Vorträge

gehalten in der Schweiz

und

herausgegeben unter gefälliger Mitwirkung
der Herren

E. DESOR,
Professor in Neuenburg.

L. HIRZEL,
Professor in Aarau.

G. KINKEL,
Professor in Zürich.

ALBRECHT MÜLLER,
Professor in Basel.

Heft VIII.

Über den

Ursprung und die Entwickelung der Sprache.

Von

Wilhelm Wackernagel.

BASEL.
Schweighauserische Verlagsbuchhandlung.
(Benno Schwabe.)
1872.

Schweighauserische Buchdruckerei.

Über den

Ursprung und die Entwickelung

der Sprache.

ACADEMISCHE FESTREDE

gehalten am 8. November 1866

bei der Jahresfeier der Universitæt Basel

von

Wilhelm Wackernagel.

BASEL.

Schweighauserische Verlagsbuchhandlung.

(Benno Schwabe.)

1872.

Bei der Jahresfeier der Universitæt und der academischen Zunft hat man es, wie Gelehrte der verschiedensten Fächer und zahlreiche Gebildete sich dazu vereinigen, schon seit langem für angemessen erachtet, dass der bestellte Festredner einen Gegenstand behandle, an welchem, næher oder entfernter, das Zusammengehn und der innere Zusammenhang aller Wissenschaften sich erweise, welcher eine allgemeinere Bedeutung und damit Belang und Anziehungskraft auch für solche habe, die auf Fachgelehrsamkeit keinen Anspruch machen. Ich hoffe dieser wohlbegründeten Uebung gleichfalls zu genügen, ja schmeichle mir, bei dem Reiz den die Culturgeschichte und den die etymologische Seite der Sprachforschung auch für den Nichtsprachforscher besitzt, einer verbreiteten Neigung entgegenzukommen, indem ich heut, wo die Rectoratsrede mir obliegt, es versuchen will der geehrten Versammlung einige Betrachtungen und Nachweise vorzutragen über den Ursprung und die Entwickelung der Sprache, über das Aufkommen und den Verfall derselben und die Mittel, die sie jeweilen braucht sich wieder daraus emporzuraffen. Es sind das Erörterungen, die allerdings auf einen langen Weg, einen Weg durch Jahrtausende, die auf ein weites, hochgelegenes, vielfach schon betretenes Gebiet oder, wenn Sie wollen, in ein Weltmeer führen. Wenn gleichwohl auch ich in solche Endlosigkeit mich hinauswage und noch Sie um Ihre Begleitung dabei bitte, so kann es nicht meine Absicht sein die

Fahrt nach allen Seiten hin zu lenken und überall in Be-
schauung zu verweilen: dazu würde weder die Zeit, die uns,
noch die Kraft, die mir vergönnt ist, reichen; schlagen wir
nur die hauptsächlichsten Wege ein, und streben wir namentlich Standpunkte zu gewinnen, die bisher noch nicht
sind eingenommen worden, und Gegenden ins Auge zu
fassen, die noch unbeachtet geblieben sind.

„Im Fleiss kann dich die Biene meistern,
In der Geschicklichkeit ein Wurm dein Lehrer sein,
Dein Wissen theilest du mit vorgezognen Geistern:
Die Kunst, o Mensch, hast du allein.“

Diess Wort unsers grossen Dichters passt aber ebenso
wohl auf die Sprache: denn auch sie ist ein Eigenthum
und ein Recht, das der Mensch vor den Thieren und, wenn
ich so sagen darf, vor Gott selbst voraus hat. Zwar in
den Dichtungen der Heiden werden uns deren Götter, es
wird oft genug in der heiligen Schrift auch der eine Je-
hovah nach Menschenart sprechend vorgeführt: wer aber
möchte darin etwas andres erkennen als einen Zug mehr
jener naiven Vermenschlichung, die sich den Unsichtbaren
nur in einem Leibe, wie wir ihn tragen, und mit leiblichen
Thätigkeiten, wie wir sie üben, vorzustellen weiss? Für
die reinere Anschauung Gottes liegt darin eine Ungebühr,
und der Empfindung davon haben selbst die Heiden insofern
nachgegeben, dass sie den Göttern doch eine von der menschlichen verschiedene Sprache beimessen: wiederholendlich mer-
ken die griechische und die nordische Dichtung an, so heisse
eine Person oder Sache bei den Menschen und so bei den
Göttern. Freilich auch hiebei bleibt noch immer die Annahme, dass die Götter gleichfalls mit irdischen Stimm-
werkzeugen belastet seien.

Aber den Thieren sind solche, ihnen sind wie dem Menschen tœnende Organe in Kehle und Mund gelegt. Zwar nicht allen: ihrer auch genug sind stumm, die Fische, die Würmer, die Insecten, diejenigen also, die mit ihrem Sein und Thun an Ein Element oder an nur einen Ort und gleichförmig an nur eine Beschäftigung gebunden sind. Wohl aber sind die mit Stimme begabt, deren Bewegung freier die Räumlichkeit wechselt, deren Thætigkeit sich mannigfacher gestaltet, die Vierfüsser und die Vœgel, und eine je hœhere Stufe solcher Entwickelung das Thier einnimmt, desto ausdrucksvoller pflegen die Tœne, die es von sich giebt, zu sein, desto mehr haben sie gleich der Sprache des Menschen den Zweck der gegenseitigen Mittheilung, desto entschiedener wirkt auf sie derselbe Nachahmungstrieb, der unter den Menschen die Sprache von dem einen auf den andern bringt. Und so erzæhlt denn auch die Sage der Vorzeit und erzæhlt der Aberglaube noch jetzt von Thieren, die wirklich sprechen, bei Homer zum Beispiel und in Dichtungen der deutschen wie der slavischen Völker von sprechenden Rossen, auf deutschem wie auf romanischem und celtischem Boden von den Gespræchen, welche die Thiere des Stalls in der Christnacht führen, überall aber (denn in der That sind unter sämmtlichen Thieren die Vœgel die beredtesten) von einer Vogelsprache. Diese letztere, man fasste sie nicht etwa so wie heut, wenn man die einzelnen Arten des Finkenrufs und die Stimmen anderer Vœgel in æhnlich klingende deutsche Worte oder doch in articulierte Laute bringt, auch nicht so wie dort das Sprechen der Rosse oder der Rinder, die einfach in der jedesmal üblichen Landessprache reden: sondern man schrieb den Vœgeln ihre ganz eigene Sprache zu, die sie nur könnten, nur sie verstünden, die unter den Menschen nur dem verständlich sei, welchem Zauberkunst oder göttliche Gnade das Ohr dafür geöffnet. Solche Annahme von Sprachbefæhigung und Sprachbesitz auch auf Seiten der Thiere liegt jener Annahme einer Göttersprache parallel gegenüber, wie der Göttersage die Thiersage gegenüberliegt: das Eine wie das Andre ein Wiederschein, den die Poesie von der Menschenwelt aus hier nach oben, dort nach unten hin fallen læsst. Und sie geht in diesem Drange das Untermenschliche auch so zu erheben, zu beseelen, zu vermenschlichen noch um einen guten Schritt weiter: in der Fabel sprechen auch Bäume mit einander, und nicht bloss zum Scherz, ebenso wohl in ganz ernsthafter Weise wird auch das Geläut der Glocken und das Klappern der Mühlræder auf Worte der Menschensprache ausgedeutet.

Treten wir nun aber, nach diesen geschichtlichen Nachweisungen über die Sache, nunmehr an die Sache selbst heran.

Die Tœne, die wir von den Thieren vernehmen, sind stæts nur der Ausdruck einer mehr oder minder grob sinnlichen Empfindung und meist wohl ein ganz unwillkürlicher Ausdruck: vor Fressgier heult der Wolf, in Liebe flœtet und schmettert die Nachtigall. Und obschon mehr als ein Thier körperlich wohl darauf eingerichtet wære den ausgestossenen Lauten eine Articulation zu geben, keines von ihnen thut das, keines also spricht in Worten: was sie zu sagen haben, dafür passt und genügt auch der unarticulierte Laut. Wenn gleichwohl einzelne Vogelarten durch angebornen Trieb und durch Gewœhnung dazu kommen die Rede der Menschen stückweis nachzuahmen, so ist das eben kein Sprechen dieser Vœgel selbst, nur gleichsam eine ferne Vorahnung davon, die uns, wie so vieles im Leben der Thiere, an das tiefsinnige Bibelwort von dem Sehnen und Seufzen der Creatur gemahnt und dieses Wort mit erläutert. Der Mensch dagegen giebt mit den Lauten seiner Stimmorgane freilich wohl auch die blosse Empfindung kund, die auf seiner thierischen Seite ihn berührt, und giebt sie kund mit Lauten gleich jenen der Thiere, bald unwillkürlich, wie das neugeborne Kind mit Geschrei und Wimmern, bald willkürlich und bewusst, wie wenn er lacht; die meisten Interjectionen, die man im engern Sinn Empfindungswörter nennt, sind bloss Naturlaute von solcher Art. Aber der Mensch hat auch Vernunft, und auch diese äussert er in Lauten und giebt vermittelst derselben seinen Begriffen und Gedanken von den Dingen um ihn, von ihren Thætigkeiten, ihren Eigenschaften, ihren gegenseitigen Verhältnissen Ausdruck: nothwendiger Weise und dem gemæss, um was es sich handelt, verfliessen hier die Laute nicht wie dort ins Unbestimmte, sondern grenzen sich ab in fester Gestaltung, sie gliedern, sie articulieren sich, sie vereinigen sich in Worten: hier und so denn wird eigentlich erst gesprochen, hier erst haben wir Sprache. Schœn und bedeutsam ergänzen sich der alte deutsche und ein griechischer Name des Menschen: *Mann* der ihn als den Denkenden, $\mu \acute{\varepsilon} \varrho o \psi$ der ihn als den bezeichnet, welcher seine Laute gliedert.

„Die Sprache, Mensch, hast du allein." Unter allem, worin der Vorrang und das Vorrecht des Menschen vor dem Thiere beruht, ist sie das zuvorderst und am unmittelbarsten wahrzunehmende, und er bedarf ihrer auch in hœherem Grade als das Thier: denn ihn erfüllt ein noch stärkerer Trieb zur Geselligkeit, und weil er geselliger und weil er mit Geiste begabt ist, waltet auch in ihm ein stärkeres Bedürfniss nach Mittheilung, nach geistigem Geben und Empfangen. Diesem Zwecke aber dient kein Mittel besser als der hœrbare Laut, ein Mittel, das unter allen Umständen Anwendbarkeit besitzt, in jeder Richtung wirkt, am weitesten reicht, am mannigfaltigsten kann ausgebildet werden. Nur geistige Trægheit, wie die mancher Bewohner des heisseren Südens, zieht der Lautsprache die armselige Gebærdensprache vor, oder man bedient sich einer solchen (und so geschah und geschieht es namentlich in den Klœstern) um auch da zu sprechen, wo ein hœrbares Sprechen verboten ist, oder um so zu sprechen, dass niemand, der nicht im Geheimniss der festgesetzten Zeichen ist, es verstehen könne, oder endlich es ist der Blœdsinnige, der Taubstumme, den sein leiblich-geistiger Mangel von der Wohlthat einer Sprache in Lauten ausschliesst. Wie aber der Mensch auch sprechen mœge, sei es nur mit Hilfe der Hand, sei es voller, fliessender, allgemeiner verständlich vermittelst des Mundes, sei es mit Hand und Mund, indem das gesprochene Wort noch von einer Gebærde begleitet und bekräftigt wird, immer hat er dabei den Zweck geselliger Mittheilung an einen Andern, und es bleibt dieser Zweck, auch wo er ein Selbstgespræch führt: da ist er sich selbst zugleich der Andre und redet sein eignes Ich als ein Du oder alterthümlicher redet seine Seele, sein Herz als ein von ihm verschiedenes an. Mithin ganz ebenso in der Sprache wie in der Kunst: auch bei deren Darstellungen ist es stæts auf Mittheilung abgesehen, und wære ein Maler wunderlich genug seine Gemælde niemand sonst als nur sich zu zeigen, so træte er doch nur immer aufs neue mit seiner Einbildungskraft und seiner Empfindung an die Stelle Anderer und würde er jedesmal nur sich selbst als einen Anderen setzen.

So hoch aber den Menschen seine Vernunft über die Thierwelt erhebt, wir wissen dennoch, wie er hilfloser beinah als jedes Thier sein Leben beginnt, und wie wenig er auch fernerhin vermag unmittelbar durch die Kraft und

die Geschicklichkeit der eigenen Glieder sich das Leben zu
fristen und es gar zu verschœnen: ohne die Liebe der Mutter, das Kind verschmachtete; ohne den überlegenen Geist,
ohne die Waffen und Geræthe, welche dieser erfindet, die
schwache Hand allein würde dem Menschen weder Nahrung
noch Kleidung noch Wohnung schaffen. Der Art verhält
es sich auch mit seinem Sprechen: was er mit auf die Welt
bringt, sind nur jene unarticulierten Laute, welche Mensch
und Thier mit einander theilen, zuerst nur ein wimmern-
der Schrei des Frostes und des Hungers; und wohl bringt
er auch die Sprachorgane mit, aber nicht die Sprache: Mon-
den lang, Jahre lang bleibt er ein $\nu\acute{\eta}\pi\iota o\varsigma$, ein *infans*, ein
Nichtsprechender, und nur allgemach, erst durch die Nach-
ahmung Anderer lernt er auch jene Glieder zu dem gebrauchen, wozu sie geschaffen und gestaltet sind, lernt er
mit ihnen sprechen. Und er empfängt dieses Hauptstück
seines geistigen Lebens zunæchst und zumeist durch dasselbe Wesen, aus dessen Schoss und von dessen næhrender
Brust auch das Leben seines Leibes zunæchst herrührt: darum
sagen wir zwar *Vaterland*, aber *Muttersprache*, sinniger
als die Rœmer *sermo patrius*. Das Thier bedarf eines
solchen Unterrichtes nicht: man nehme einen Vogel noch
im Flaum seiner ersten Tage aus dem Nest, er wird spæterhin, ohne dass er Vater und Mutter jemals singen gehœrt,
dennoch singen wie sie. Die Sprache des Menschen aber
geht nur auf dem Wege einer beständig sich wiederholen-
den Vermittelung durch Hœren und durch Nachahmen des
Gehœrten weiter fort auf Kind und Kindeskind; der Taub-
geborene wird auch stumm, und wæren Romulus und Remus
bei der Wölfinn, welche sie gesäugt, geblieben, es ist kein
Zweifel, sie hätten dann auch nie lateinisch sprechen, sondern nur mit den Wölfen heulen gelernt.

L. of C.

In solcher Art denn stehen die Stimmorgane des Menschen im Dienste seines Geistes, und von der Stunde an, wo das Kind noch unbeholfen die ersten Worte stammelt, wächst die Sprachfertigkeit mit dem Geiste und wächst in unausbleiblicher Rückwirkung der Geist mit der Sprachfertigkeit: es ist wie bei der Kunst und deren Werkzeugen und Mitteln, die auch fort und fort sich gegenseitig vervollkommnen. Denken und Sprechen werden hiemit zu einem und demselben, und wæhrend und weil das Sprechen ein Denken ist, das·sich äusserlich hœrbar macht, ist das Denken nur noch ein inneres Sprechen; lebhafteren Menschennaturen (wir alle kennen dergleichen) begegnet es deshalb, dass sie nur zu denken vermeinen, wider Wissen und Wollen aber auch laut genug aussprechen, was sie denken, und im Drama wird einer Person, die in der Wirklichkeit eher geschwiegen hätte, die ganze Reihenfolge ihrer stillen Gedanken als Monolog in den Mund gelegt. Diese engste Zusammengehœrigkeit, diese Einheit des Denkens und des Sprechens hat mehr als ein Volk von je her wohl erkannt und ausgedrückt: $\lambda \acute{o} \gamma o \varsigma$ bezeichnet den Griechen erstlich Rede, dann Vernunft; umgekehrt besass unser *Rede* zuerst den letzteren Begriff, und *redlich* war auf Altdeutsch s. v. a. vernünftig; *taub* hat früher auch stumpfsinnig, $\nu \acute{\eta} \pi \iota o \varsigma$ auch schwach von Verstand, *dumm* im Gothischen s. v. a. stumm bedeutet, und in der That, wie gebunden ist der Geist des Tauben und Stummen, eh seiner Noth die Liebe zu Hilfe kommt und ihn wenigstens gleichsam sprechen lehrt!

Aus dieser Wechselbeziehung der Menschensprache zu dem Geiste des Menschen wie aus der Erhaltung und Fortpflanzung derselben durch immer sich erneuendes Lernen geht noch ein weiterer, der letzte und nicht unerheblichste Unterschied zwischen ihr und der Sprache der Thiere hervor.

Allerdings sind beide von gleichem Alter, und schon die ersten Menschen haben ebenso gut gesprochen als in ihrer Art die ersten Vierfüsser und Vœgel. Annehmen, dass eine ganze längere Reihe von Geschlechtern dahingegangen sei, bevor aus ihrer Kehle das geflügelte Wort emporstieg, heisst für wahr annehmen, was der griechische Mythus von dem Scheinleben der Menschen des Prometheus dichtet, heisst annehmen, dass sie noch unvernünftig gleich den Thieren oder doch blœden Geistes gleich den Taubstummen, dass sie ungesellig und ungesellt, dass sie unbedürftig einer Darstellung des Angeschauten und einer Mittheilung desselben, mit Einem Wort, dass sie noch keine Menschen gewesen seien, heisst annehmen, dass sie den kunstvollen Bau ihrer Stimmwerkzeuge zwecklos und unbenützt gelassen, als hätten sie wohl auch Hände und Füsse gehabt, aber noch nicht gelernt sie zum Greifen und zum Gehn und Stehen brauchen, Lungen gehabt, aber noch nicht verstanden damit zu athmen. Was anstatt dessen das einzig richtige ist, deutet uns schon die Mosaische Erzæhlung von der Welt- und Menschenschöpfung an: „Als Gott der Herr gemacht hatte von der Erde allerlei Thiere auf dem Felde und allerlei Vœgel unter dem Himmel, brachte er sie zu den Menschen, dass er sæhe, wie er sie nennete: denn wie der Mensch allerlei lebendige Thiere nennen würde, so sollten sie heissen; und der Mensch gab einem jeglichen Vieh und Vogel unter dem Himmel und Thiere auf dem Felde seinen Namen." Diesem Winke der ältesten und ehrwürdigsten Geschichtsurkunde gegenüber muss uns die Frage nach dem Ursprung der Sprache, so viele und darunter je die gelehrtesten und weisesten sie auch schon beschäftigt hat, beinahe müssig erscheinen (Gœthe nennt sie so), jedesfalls aber die Antworten, die man darauf zu gehen pflegt, bald verkehrt, bald

zum mindesten unbefriedigend. Schon die ersten Menschen
müssen sprechen gekonnt, müssen gesprochen haben. Nicht
zwar, dass ihnen die Sprache zugleich mit den Sprachwerk-
zeugen fertig anerschaffen war: warum dann nicht ebenso
ihren Nachkommen? Gott ist seinen Menschen allezeit gleich
gütig gewesen: aber jeder dieser unzæhlbaren Spæteren hat
immer aufs neue, langsam, mühsam und jedesmal so, wie
es gerade von der Mutter her ihm in das Ohr erklang, die
Sprache lernen müssen. Auch nicht, dass sie unseren Ur-
eltern durch eine göttliche Offenbarung mitgetheilt worden,
oder, was wesentlich dieselbe Meinung ist, nur in grœberer
Eigentlichkeit ausgedrückt, dass zuerst Gott ihnen vorge-
sprochen: in solchem Sinne ist Gott nicht das Wort; selber
das Heidenthum hat etwa die Buchstabenschrift, nie jedoch
die menschliche Sprache als Werk und Geschenk einer Gott-
heit angesehen; wir aber wissen nur von Einem Feste der
Pfingsten mit wunderbarer Sprachbegabung. Sondern die
Sprache ist durch den Menschen und ist bereits durch die
ersten Menschen geschaffen worden; auf ihre eigene Schöpfung durch Gott ist alsobald, da die Hand, welche sie
gebildet, gleichsam noch frisch auf ihnen ruhte und an Leib
und Geist sie leitete, ist alsobald die Schöpfung der Sprache
durch sie erfolgt; wie schon der erste Baum dieser Welt seine
Samenkörner um sich streute, so auch hat schon die erste
Menschenmutter den Samen der Rede in den Geist des ersten
Geborenen geworfen, und das erste Kind schon hat dem Ruf
seiner Mutter geantwortet, wie das erste Lamm der seinigen.

So im Anfange dieser unsrer Welt. Von da an aber
und seit der Gemeinsamkeit der ersten Schöpfung, was nun
die Fortentwickelung betrifft, haben sich beide, die Sprache
der Menschen und die der Thiere, in durchaus verschiedener
Art verhalten.

Die Empfindungen, von denen die dunkle Seele des Thieres bewegt, die Triebe, von denen es bei all seinem Thun und Lassen geleitet wird, bleiben unwandelbar durch alle Jahrtausende hin dieselben und ebenso unwandelbar die Laute, in denen es seine Empfindung äussert: gleichwie die Biene von heut die Winkel ihrer Zelle noch genau so misst, wie die erste, die auf Honig ausflog, bellt auch der Hund von heute noch ebenso wie jener, von dem ein alter Ræthselscherz sagt, dass ihn die ganze Welt habe hœren können. Wesentliche Einwände hiegegen sind es nicht, wenn das feiner aufmerkende Ohr und der Nachahmungstrieb einzelner Thierarten vorübergehend eine Art von Bewegung in diesen vieltausendjæhrigen Stillstand bringt, wenn Hunde, mit denen man sich häufiger, auch sprechend, abgiebt, ein mannigfaltiger beredtes Bellen entwickeln oder die Finken eines Waldes von Zeit zu Zeit die Melodien wechseln, weil einer aus der Genossenschaft irgendwo sonst etwas neues gelernt hat. Diese Thatsachen werden nicht zu bestreiten sein: aber auch die steht fest, dass mit aller Beredsamkeit einzelner Individuen das Hundegeschlecht insgesammt noch um nichts weiter in seiner Sprache gelangt ist, und dass die Finken nach jeder neuen Mode des Schlagens doch alsobald wieder in ihre altgewohnte Nationalart fallen.

Ganz anders der Mensch und seine Sprache. Diejenigen Laute, deren Anlass er mit den Thieren theilt, solche mit denen auch er nur eine augenblickliche Empfindung des Leibes und der Seele kundgiebt, diese freilich ändern sich ebenfalls mit keiner Zeit: das zu jüngst geborene Kind schreit, wie bereits Abel geschrieen, und wie jetzt wir, hatte man schon vor zwei Jahrtausenden in Rom die Ausrufungen *ah* und *ahah* und *o, hui* und *phy, hei* und *hem, eia* und *ohe, hahahe* und *vae*. Die eigentliche Menschensprache jedoch, in der sich Begriffe hœrbar verkörpern und die durch Lehren und Lernen sich fortverpflanzt, die somit von Geist auf Geist gleichsam immer aufs neue geschaffen wird, sie schreitet fort, wie von Geschlecht zu Geschlecht der Geist fortschreitet; sie bewegt, sie entwickelt sich, wie der Geist des Einzelnen, des Volkes, der Menschheit in unablæssiger Bewegung sich entwickelt; sie hat ihre Wandelungen gleich und mit dem Menschen, sie hat eine Geschichte wie die Völker. Und diese Verschiedenheiten liegen nicht bloss in chronologischer Folge hinter einander da, sondern zugleich als ein Gegenstand synchronistisch-ethnographischer Betrachtung neben einander: jegliches Volk hat seine besondere Sprache, und die besondere Sprache ist das Hauptmerkmal der Nationalitæt: unser Altdeutsch kann deshalb *sprâche* und *zunge,* das Mittellatein sammt dem Romanischen ebenso *lingua* geradezu auch im Sinne von Volk gebrauchen.

Sehen wir uns jedoch vor, eh wir diese Mannigfaltigkeit der Sprachen für eine uranfängliche halten um aus ihr einen Beweis zu entnehmen für die Abstammung der Menschheit von mehr als Einem Elternpaare. Die Forschung erlauscht immer mehr Zusammenklang zwischen den einzelnen Sprachen und Sprachfamilien, z. B. eben jetzt zwischen der indogermanischen und der semitischen, und nachdem das Mittelalter wahrscheinlich aus Anlass einer Evangelienstelle, noch siebzig oder zweiundsiebenzig verschiedene Sprachen angenommen, führt nunmehr sie die bunt wechselnde Menge mit solcher Gewissheit auf immer weniger und immer einheitlichere Gruppen zurück, dass im entlegensten Hintergrunde wohl eine einzige Ursprache denkbar wird, denkbarer als noch vor kurzem erscheinen durfte. War doch bei dem Reichthum an gleichbedeutenden Worten, der aller älteren Sprachgestaltung eigen ist, Zeug genug da um von noch so viel Kindern, die aus dem elterlichen Hause schieden, jedem seine Aussteuer zu fernerer eigner Haushaltung, sein Pfund zum Wuchern mitzugeben. Somit wird einstweilen auch für diesen Punkt die Mosaische Darstellung das Richtige treffen, welche die Theilung der Sprache erst geraume Zeit nach deren Schöpfung geschehen læsst und sie unmittelbar in Verbindung bringt mit der ersten Theilung der Menschheit in verschiedene Völker. Volk und Volk, das aber ist im Sinne des Alterthums ebenso viel als Feind und Feind: die gesellige Natur des Menschen hatte die Sprache zuerst mit ins Leben gerufen, feindselige Ungeselligkeit zersplitterte sie.

Wir kommen zurück auf die geschichtliche Entwickelung der Sprache. Diese in ihren Fortschritten nimmt einen Gang, der ebenso auf- und abgestuft ist wie die leiblich-geistige Entwickelung des Menschen: überall, mœgen wir nun auf einzelne Völker, mœgen wir auf ganze Völkerfamilien, mœgen wir auch auf die gesammte Menschheit blicken, überall in der Sprache dasselbe allmæliche Zurückweichen der leiblichen, sinnlichen, bloss materiellen und dasselbe stæts breitere Vordringen der geistigen Kraft, das wir nach der Jugend am Mannes- und Greisenalter gewahren; wie hier so dort ein Umschlag aus der zuerst gleichmæssigen Wechselwirkung beider in ein Wirken fast nur von der einen, der geistigen Seite her. So liegt der Weg namentlich in dem grossen Gebiet der Indogermanischen Sprachenfamilie vor uns, derjenigen die den längsten Verlauf mannigfachster Beurkundung vor den andern voraus hat, deren weitgeschlagener Kreis gerade auch jene drei Völker in sich schliesst, die in der Beherrschung der Welt und der Weltgeschichte einander gefolgt sind, die Griechen, die Rœmer und zuletzt und zumal den Germanischen Stamm mit seinen schon anderthalb Jahrtausenden voll mundartlicher Entwickelung und voll von Litteratur all dieser Mundarten.

Freilich bis in die Jugend und gar bis in die Kindeszeit, bis dahin zurück, wo die Schöpfung der Sprache noch in dem ersten vollsten Triebe stand und der unterste Grund zu ihr gelegt ward, reicht weder bei uns noch irgendwo sonst innerhalb des ganzen Stammverbandes die litterarische Beglaubigung. Und dennoch besitzen wir die Mœglichkeit uns auch von jenen Urzuständen und Urvorgängen eine Vorstellung zu bilden, die für alles Hauptsächliche mit Gewissheit zutrifft. Es giebt næmlich (und wir treten hiemit auf andren, dem Indogermanischen fremden Boden), es giebt Sprachen, die ganz oder beinahe ganz ohne weitre Entwickelung gleich im Anfange stehn geblieben sind, die bereits Jahrtausende zæhlen, aber heut noch eine Gestaltung zeigen, wie sie nur zu der frühen, ja zu der frühesten Jugend passt, noch gleichsam den Urboden ohne Flötz und ohne Aufschwemmung. Einmal die sogenannten isolierenden Sprachen (auch der Name analytisch wære passlich), die ohne irgendwelche Änderung durch Flexion u. dgl. vorzunehmen und damit die Wechselbezüge der Begriffe erkennbar zu machen lediglich Wurzel auf Wurzel und alle nur von einer Sylbe folgen lassen: Hauptbeispiel der Art das Chinesische und zugleich ein Hauptbeleg, wie wunderlich bei diesem Volke die Unbeweglichkeit mit dem Fortschritt sich verbindet. Sodann die Sprachen, welche man agglutinierende, anfügende nennt. Auch hier noch erfahren die Wurzeln selbst keinerlei Wandelung: schon aber wird ein Versuch zur Synthesis gemacht: denn ein Theil der Worte, Pronomina und Partikeln, treten in eine untergeordnete Stellung zurück um sich, voran oder hintennach gesetzt, an die begriffsvolleren, die Verba oder Nomina, anzulehnen.

Von dieser Art z. B. die Sprachen der Tataren; mit ihnen ist, wæhrend jenes isolierende Sprechen noch durchaus kindlich erscheint, darüber der Sprachgeist schon hinaus gelangt, innerhalb der Jugendzeit aber steht er auch so noch. Nicht anders nun dürfen wir uns den Beginn auch derjenigen Sprachen denken, die den Gang der Entwickelung weiter fort und bis zu Ende geführt haben, für die jedoch bloss die spæteren Fortschritte litterarisch belegt sind, den Beginn all der hauptsächlichen Sprachen der Welt und so auch unsrer indogermanischen. Noch wie diese in ausgereifter Gestaltung vor uns stehen, zeigen sie uns so vieles, was die deutlichste Nachwirkung ebensolch einer Jugend ist, dass wir schon daraus allein und auch ohne die willkommene Ergänzung, welche die isolierenden und die anfügenden Sprachen bieten, auf Anfänge der Art zurückschliessen könnten, zurückschliessen müssten. Wohl ist Pallas Athene gleich in der ganzen Vollendung ihrer strengen Schœnheit und mit all ihren Waffen angethan aus dem Haupte des Zeus hervorgesprungen: welche Vorstellung auch wære eine kindliche Pallas! Aber die Sprache des Menschen, deren Geburtsstätte nur das menschliche Haupt ist, hat auch ihr Leben nur wie ein andres Menschenkind begonnen, mit den Mängeln der Unbeholfenheit, mit den Reizen der Naivetæt.

Suchen wir uns jetzt von diesem Jugendalter der Sprache, das neben und vor der Kindheit zugleich die Schöpfung, die erste Entstehung derselben in sich schliesst, mit wenigen schnellen Zügen ein Bild zu entwerfen.

Wie im Kinde und noch im Jüngling der leibliche und der geistige Theil das rechte Ebenmass des Zusammenwirkens noch nicht gefunden haben, das Leibliche noch vorwaltet, der Geist noch unter dessen Einflusse steht und nur allmælich sich dem entzieht und flücke wird, ganz so in der

Sprache, die erst beginnt: auch hier ist Körperlichkeit, ist Sinnlichkeit, ist eine Phantasie, die Alles in sinnlichster körperlichster Weise anschaut, das herrschende Merkmal. Der Nachahmungstrieb, der mit in der geselligen Natur des Menschen wurzelt und der nach Aristcteles treffender Bemerkung den ersten Anstoss zu der Kunstthætigkeit desselben gegeben hat, kaum doch führt er schon jetzt zur Kunst, zu bildender Kunst: um so ungetheilter kann er und kann die Phantasie sich auf die Schöpfung und Gestaltung der Sprache richten, der Sprache, die neben der Kunst das andre und so schon das älter geübte Vorrecht des Menschen ist. Und es fehlen zu solchem Wirken nicht die Mittel: noch sind die Laute alle so rein und bestimmt, dass die nachahmende Einbildungskraft sie wohl gebrauchen mag um allem und jedem, was den Menschen umgiebt, einen Namen zu finden, der es malerisch darstelle. Wenn es *Wange, wanken, wälzen, weben, wehen, Welle, winden, Woge* heisst und dem gegenüber *Stab, Stamm, starr, stechen, stehen, steigen, Stein, Stock, Stumpf,* wenn also *w* das Runde, das Weiche, das Bewegte, *st* das Aufrechte, das Harte, das unbewegt ruhende ausdrückt, wie eben deshalb *st* schon allein der uralte Befehl des Stillschweigens ist, wer empfände in solchen Fällen nicht heute noch die treffende Passlichkeit der Lautgebung? Derselbe Trieb mithin, der die bereits gegebene Sprache fortverpflanzt, der Nachahmungstrieb giebt sie auch zu allererst und pflanzt sie. Für das Bewusstsein aber der Sprechenden selbst besteht zwischen der sprachlichen Nachahmung und deren Gegenständen kein wesentlicher Unterschied: die Sache wird von dem Worte dafür, das Ding von seinem Namen so vollständig gedeckt, dass beide in einen und denselben Begriff zusammenfliessen: gerad diese Ausdrücke *Ding* und *Sache* haben noch im Mittelalter die eine wie die andere Bedeutung, *des fiures name* ist ebenso viel als das einfache *fiur*, und das lateinische *res* die Sache kommt von der griechischen Wurzel $\acute{\varrho}\acute{\epsilon}\omega$ ich sage. So ist auch jener Zeit noch alle Uneigentlichkeit und blosse Bildlichkeit der Rede fremd: wenn das altdeutsche *liut* d. h. Volk von *liudàn*, dem gothischen Worte für das Wachsthum der Pflanzen, stammt und auf Althochdeutsch und Gothisch *ferah* Leib, *firahu* Mensch, *firahi* Volk, *fairhvus* Welt bedeutet, dies alles aber in seiner Wurzel eins ist mit *fereha* Eiche, dem lateinischen *quercus*, so hat das ursprünglich die Menschen mit den Bäumen nicht bloss seitab und vergleichungsweise zusammenstellen, sondern auf Grund bekannter Mythen sie als solche bezeichnen sollen, die wirklich und in der That einst Bäume gewesen, aus Bäumen geschaffen, in Baumesgestalt gewachsen seien, wie das griechische $\lambda\alpha\acute{o}\varsigma$ sie der Sage von Deukalion wegen Steine nennt. Und noch weniger als mit abgeblasster Bildlichkeit wird jetzt schon irgend ein Gegenstand mit Abstraction ergriffen: denn noch hält der reflectierende Verstand sich zurück, und es ist die schaffende, wiederschaffende Phantasie, die eben Allem voransteht. Die Phantasie ist aber wesentlich ein inneres Sehen: darum geht die Sprache, indem sie jetzt den Grundstock ihres gesammten Schatzes an Worten herausstellt, an Worten d. h. an Begriffen die ihre Gestalt zwar für den edlen Sinn des Gehœres empfangen haben, sie geht doch, was deren Gehalt betrifft, überall zunächst auf die Wahrnehmungen des noch edleren Sinnes, des Gesichtes, und erst von da aus, übertragungsweise auch auf die der andern: auch das Gehœrte, das Gefühlte u. s. w. fasst sie auf als ein Gesehenes: ich erinnere Beispiels halb an $\varphi\acute{\alpha}o\varsigma$ und $\varphi\acute{\alpha}\nu\alpha\iota$, an *lux* und *loqui*, für das Deutsche an *hell* und *grell* und *dunkel*, die sämmtlich zuerst von dem Licht und der Farbe gelten, an unser *weich*, das von *weichen*, an *süss*, das von *sitzen* kommt und eigentlich s. v. a. ruhig, an *riechen*, das eigentlich rauchen bedeutet: wiederum hier in der vordersten Linie lauter Sichtbarkeiten. Nur als Abweichung und Ausnahme sind solche Fälle zu betrachten, wo der Mensch auch Laute, die aus der unvernünftigen und unbelebten Welt her an sein Ohr gelangen, wo er Naturlaute unmittelbar und lediglich nachahmt, wo er z. B. von dem Frosche sagt, dass er *quake*, von der Katze dass sie *maue*, von dem Huhne dass es *gackre* und *gluckze;* dergleichen onomatopoetische Worte sondern sich meist auch dadurch von allen übrigen ab, dass sie ebenwie jene Ausdrücke bloss der Empfindung, die der Mensch mit dem Thiere gemein hat, unfruchtbar für die fernere Sprachentwickelung bleiben: es sind das keine Wurzeln, aus denen noch etwas wächst. Das Sehen wird also auf das Gebiet der anderen Sinne, noch um einen Schritt weiter wird es auf die ganz unsinnlichen Begriffe der Zeit übertragen: alle Zeitanschauungen sind zuerst Anschauungen des Raums und der Bewegung in demselben: gleich die Namen der drei Abstufungen *Vergangenheit, Gegenwart* und *Zukunft* haben eigentlich keinen andern Sinn als diesen räumlichen: wir freilich denken daran nicht mehr. Ich habe gesagt „der Bewegung im Raume“: næmlich auch das gehœrt zu den Hauptmerkmalen der ersten Sprachschöpfung, dass sie voraus die Bewegung, die bewegte Thætigkeit ins Auge fasst. Die Worte hiefür, die Zeitwörter, machen deshalb in ihr den Anfang, und dann erst kommen, auf sie begründet, die übrigen Wortarten: ein Verhältniss, das bereits die Grammatik des classischen Alterthums wohl verstanden hat und treffend ausdrückt, indem sie diesen Redetheil $\dot{\rho}\tilde{\eta}\mu\alpha$ oder *verbum*, ihn also vorzugsweise das Wort nennt; die chine-

sischen Grammatiker sagen, auch nicht uneben, „lebendiges
Wort". Und diese Urwörter bezeichnet ganz besonders Eine
Eigenheit: wæhrend næmlich in ihnen der Wurzelvocal noch
keinerlei Änderung erleidet, pflegt eben derselbe spæterhin,
wo die Conjugation auch andere Laute neben ihm entwickelt,
dem Tempus præteritum zuzufallen, und es weisen z. B. nur
die Imperfecta *rann* und *trieb* noch die ursprüngliche Wurzelform von *rinnen* und *treiben* auf: schliessen wir hieraus
zurück, so sind die Zeitwörter im Anfange stæts nur er-
zæhlend gewesen. Wirklich auch tritt Bewegung und Thætigkeit am unmittelbarsten da vor Augen, wo man erzæhlt,
wo man von Ereignissen redet, die eines nach dem andern
vergangen sind, und dass Erzæhlung den næchst natürlichen
Inhalt alles Sprechens macht, darauf deuten schon Worte
wie im Griechischen $\tilde{\epsilon}\pi o\varsigma$, $\mu\tilde{v}\vartheta o\varsigma$, $\lambda\acute{o}\gamma o\varsigma$, im Mittelalter *rede*
und jetzt noch *Sage* hin, die sämmtlich auch den Sinn der
Erzæhlung in sich aufgenommen haben. Gegenüber den Ver-
ben, den lebendigen Worten, werden die Substantiva von
der chinesischen Grammatik todte Wörter genannt, ebenso
passlich, nur in anderer Art, als wenn unsre Puristen „Haupt-
wort" sagen: mag sich immerhin an solchen Begriffen das
Leben nicht in der gleichen Bewegtheit zeigen, es wohnt
auch in ihnen, oder wenn sie an sich auch wirklich leblos
sind, die schöpferische Phantasie belebt sie dennoch: denn
dass sie in der Sprache auch todten Dingen ein Geschlecht
giebt und sie bald männlich, bald weiblich benennt, geschieht
ja nur, indem sie dieselben sich als Thiere vorstellt oder
noch lieber als Personen. Endlich, was uns jetzt für die
Verbindung der Worte zu Sätzen unentbehrlich dünkt, irgendwelche Flexion der Verba und der Nomina, sei sie auch
noch so dürftig, ist in dieser Anfangszeit noch nicht vorhanden: Person, Numerus, Tempus, Modus, Casus, für alles

das treten Pronomina und Partikeln ein und stellen sich, wie das vorher schon ist angegeben worden, entweder als Worte gleicher Geltung mit in die Reihe der übrigen Wurzeln oder ordnen sich unter und heften sich seitwärts enger an dieselben an, oder aber es braucht die Sprache noch naivere Mittel und bezeichnet z. B. die Vollendung einer Thætigkeit, die Vielzahl einer Substanz und sonstwie jegliche Steigerung eines Begriffes durch Wiederholung des Ausdrucks, durch Gemination. Bei solch einer Satzbildung musste sich, namentlich auf der untersten noch Alles gleich isolierenden Stufe ein Sprechen von ganz æhnlicher Art ergeben, wie einst die Dichtkunst ihre Verse bilden durfte, in lauter Hebungen ohne Senkung dazwischen: freilich ein noch bœchst unvollkommener Rhythmus, und dennoch wird, frisch und hell und voll wie die Laute eben erst dem Brunnen der Schöpfung entquollen waren, das Sprechen jetzt viel eher noch ein Singen gewesen sein, zwischen Singen und Sprechen kaum schon ein Unterschied bestanden haben und ebenso wenig schon ein Unterschied zwischen Poesie und sonstiger Darstellungsweise: wie Leben und Sinnlichkeit und anschaulichste Nachahmung jedes Wort erfüllte, war die ganze Sprache Dichtkunst.

Allmælich jedoch reift sie aus solcher Jugendlichkeit in das Mannesalter hinüber: das sinnliche und das geistige Element finden ihr Gleichgewicht, das sich aber je mehr und mehr in ein Übergewicht des letzteren neigt; neben die Phantasie und vor dieselbe tritt die zartere Empfindung und tritt der Verstand, und dem sinnlich angeschauten gesellt sich um es gemach zurückzudrängen das seelisch empfundene, dem Concreten das Abstracte bei. Diess nun ist die Stufe, die einerseits von den Indogermanischen Sprachen mit ihren einsylbigen, andrerseits von den Semitischen mit Wur-

zeln eingenommen wird, die wenn auch nicht zu wirklicher
Zweisylbigkeit, doch jedesfalls in anderer Art der Gestaltung als die indogermanischen erwachsen sind. Nicht so,
dass diese oder jene sämmtlich denselben Platz behaupteten:
sondern wie das Hebræische von seinen jüngeren Schwestern
sich dadurch unterscheidet, dass es noch zu einem guten
Theil in den Eigenheiten der früheren bloss agglutinierenden
Zeit befangen ist, so hat auch der indogermanische Stamm
seine mannigfach weitere Gliederung und Abstufung, und
dem strengen Ebenmass, der Einfachheit und auch schon der
Verarmung gegenüber, die z. B. das Gothische zeigt, steht
am äussersten Ende dieser Reihe das Sanskrit da, das auch
den geringsten Keim nicht unentwickelt gelassen, das in
üppigster Fülle, schwelgerisch, verschwenderisch Laub und
Blüte und Frucht getrieben und gezeitigt hat. Indess, wie
grosse Verschiedenheiten sich auch sonst erweisen, all diese
Sprachen sind im Gegensatze zu jenen isolierenden und bloss
anfügenden nun flectierende, sind nicht mehr analytisch, sondern sie, und zwar die indogermanischen auf das vollkom-
menste, synthetisch, und sie sind das geworden durch Wei-
terbildung jener früheren Zustände: die Pronomina oder Partikeln, welche dort noch in voller Selbständigkeit dem Verbum und dem Nomen Hilfe leisteten oder sich nur, noch
immer ablœsbar, an deren Wurzelform hängten, sind hier
an dieselbe fest heran, ja in sie hinein gewachsen, und es
drückt nun eine oft ganz unscheinbare Endung oder ein
blosser Wandel des Wurzelvokales kürzer und durch die
grœssere Kürze nur noch bestimmter all die Verhältnisse
der Thætigkeiten und der Eigenschaften und der Substan-
zen aus, die bisher bloss mit der schwerfälligsten Wörter-
häufung auszudrücken waren: ein einziger Laut genügt um
das Medium und Passiv vom Activum, den Conjunctiv vom

Indicativus, den Dual vom Pluralis, den Locativ und den Instrumentalis von den übrigen Fällen der Declination zu unterscheiden. Und diese Verschmelzung der früher gesonderten Redetheile, diese massvolle Verkürzung alles dessen, was nur Mittel, nicht Inhalt und Gegenstand des Sprechens ist, greift überall hindurch: Worte, die früher bloss neben einander gestanden, werden nun gelegentlich in eines zusammengesetzt, und aus der Gemination, der vollständigen Wiederholung desselben Ausdruckes, wird nun die unvollständige, nur noch halbe, die unsre Grammatiker, nicht eben genau, Reduplication benennen. Gleichwohl verschwinden jene untergeordneten Wörter keinesweges: so mannigfach ausgebildet die Flexion auch ist, sie reicht für das Bedürfniss doch nicht hin, und es entwickelt sich noch neben ihr eine immer grœssere, immer feiner unterschiedene Fülle selbständiger Partikeln und Pronomina und welcherlei Worte sonst in gleicher Art nur zur Beihilfe dienen. Alles das, damit die Sprache befæhigt sei jeden Gedanken mit Deutlichkeit, jede Empfindung mit weicher Schmiegsamkeit vorzutragen; alles das, weil solche Deutlichkeit und Geschmeidigkeit nun ihr Character geworden ist.

Schon aber beginnt, und von Jahrhundert zu Jahrhundert nimmt sie zu, eine Gleichgültigkeit der Sprechenden gegen den eigentlichen Sinn und Gehalt der Wurzeln wie der Bildungsmittel, das Bewusstsein, was diese Laute, diese Worte eigentlich bedeuten, erlischt, und in demselben Maasse, als der Ausdruck der ganzen Gedanken klarer wird, trübt sich die Durchsichtigkeit des Ausdruckes der einzelnen Begriffe: es werden zum Beispiel zahlreiche Zusammensetzungen durch schwächende Auffassung ihres zweiten Theiles zu dem, was in der Grammatik nun Ableitung heisst, und in den Ableitungen von steigerndem und verkleinerndem

Sinne häufen sich die bezeichnenden Laute schrittweis einer auf den andern, damit dieser Sinn, nachdem er sich immer wieder verwischt hat, immer wieder erkennbar werde: so ist unser *Büchelchen* dreifach verkleinert, das lateinische *postremus* vier- oder gar fünffach gesteigert. Denn derselbe Geist, dem früher inmitten all der sinnlich belebten Anschaulichkeiten so heimisch wohl gewesen, ist jetzt darüber hinaus und empor gewachsen zu stæts hœherer Erkenntniss, hœheren Bedürfnissen; es giebt nun Poesie und Prosa, wie sich gleichmæssig der Gesang mit Entschiedenheit vom Sprechen trennt: aber sogar für die Poesie taugt die Sinnlichkeit des Ausdruckes nur noch als Gleichniss und als uneigentliche Rede, nur noch in solcher matteren Abspiegelung: sie selbst, ihrer ganzen wahren Fülle nach, muss aus der Sprache in die bildende Kunst sich hinüberflüchten, die jetzt ersteht um mit anderen Mitteln zu leisten, wozu die Sprache nicht mehr befæhigt ist.

Und noch Anderes übt auf die neue Richtung einen bestimmenden und verstärkenden Einfluss aus. Auf dieser zweiten Stufe der Sprache wird zugleich die Schrift für sie erfunden. Die Schrift, die Buchstabenschrift: wie unempfindlich wird doch der Mensch gegenüber dem Grossen, dessen er gewohnt ist! Den Telegraphen, der im Nu den weitesten Raum überspringt und die sprachliche Mittheilung auf das geringste Zeitmass verkürzt, staunen wir deshalb noch tæglich an: über die Schrift verwundert sich der Mensch schon längst nicht mehr, und doch, wie sie die Mittheilung auf eine Unendlichkeit der Zeiten ausdehnt und mit den Jahrtausenden sie fort und fort durch den Raum und in immer entlegenere Fernen trægt, mangelt wahrlich auch dieser so viel älteren Erfindung die wundervollste Grossartigkeit nicht, und sie zuerst ja hat, was hier von

Allem das Wesentlichste und auch für den Telegraphen stæts noch die Hauptsache ist, den Laut, den das Ohr vernimmt, in ein Bild für das Auge, in ein Zeichen umgewandelt. Nachdem aber diess geschehen war und sich der Sprache zur Seite die Schrift gestellt, da erst begann denn auch die eigentliche Litteratur, und es traten damit an die Sprache neue Forderungen heran und mannigfaltige tief greifende Einwirkung: eine Thatsache, die weder des Beweises noch der weiteren Ausführung benœthigt ist. Zwar dürfte vielleicht jemand vermeinen, durch die Fassung in Schrift werde die Sprache sofort auf den Fleck festgebannt, auf welchem sie gerade stehe, und allem Fortgange sei damit Einhalt gethan: die Erfahrung jedoch widerspricht dem aufs bestimmteste: sie lehrt uns, dass Sprachen vielmehr dann erstarren, wenn sie nie bis zu einer wirklich litterarischen Ausbildung gediehen oder derselben nach früherem Besitze wieder verlustig gegangen sind: Beleg die pelasgischen Nebenmundarten des Peloponneses und Italiens, die litthauische Sprache, die friesische des Mittelalters und die Isländische von heut, denen allen nur aus dieser Ursache die gleiche Alterthümlichkeit unverrückt die längsten Zeiten hindurch eigen geblieben. Nein, dem æhnlich wie Thiere und Pflanzen durch die Cultur veredelt werden, ebenso die Sprache, solange sie næmlich noch auf dieser zweiten Stufe sich behauptet, durch litterarische Übung: das Ringen mit dem Stoff und der Form, das nun ihr auferlegt ist, kräftigt sie, schmeidigt sie, beschleunigt ihre Entwickelung, letzteres allerdings zugleich mit dem Erfolge, dass sie um so schneller bei der Neigung anlangt, die hinab ans Ende führt.

Neben der Schrift und der Litteratur kommt hier aber noch ein Zweites in Betracht, ein Ferment, das im Inneren der Sprache selbst arbeitet und von da aus deren Leben sowohl

steigert als zersetzt. Mit dem Übergange von der Agglu-
tination zur Flexion sind die Worte in Bewegung, die Laute
in Fluss gerathen: was früherhin für alle Fälle gleichmæss-
sig rein und bestimmt und fest, aber deshalb auch in Starr-
heit da gestanden, das ändert sich nun bald so, bald so, und
es hebt eine Reihe von Wandelungen theils der Vocale, theils
der Consonanten an, bei denen der Geist der Sprechenden
in keiner Art mehr mitwirkt, die aber von so gesetzmæss-
siger und so durchaus von objectiv naturgeschichtlicher Be-
schaffenheit sind, dass Sprachforscher, die auf sie ihr vor-
zügliches oder gar das einzige Augenmerk richten, um
ihretwillen die Sprachen überhaupt als organische Natur-
körper und die ganze Erforschung derselben nur als ein
Stück Naturforschung ansehn. Den Grundzug all dieser
Änderungen bildet das Streben der Sprache ihre einzelnen
Laute in Übereinstimmung und Gleichgewicht zu bringen
und sie darin zu erhalten, die Angleichung und die Ausgleichung derselben; der Sinn der Worte bleibt hiebei unbeachtet und unberührt, es gilt lediglich den Lauten an
und für sich selbst, wie je das bezügliche Sprachwerkzeug
sie hervorbringt. Dahin gehœren vor allem aus die zahlreichen und mannigfachen Fälle, wo die Wurzel den Vocal
der Schlusssylbe auch in sich herübernimmt und in Folge
davon diphthongiert oder gebrochen oder umgelautet oder
abgelautet wird, und wie die Grammatik sonst es nenne;
es gehœrt dahin auch jene Lautverschiebung, die zwischen
einigen Sprachen und Mundarten des indogermanischen Stammes, nach neuesten Ermittelungen sogar zwischen dem Indogermanischen überhaupt und dem Semitischen waltet:
denn wenn es z. B. im Lateinischen und Griechischen *dens,
dentis*, ὀδούς ὀδόντος, im Gothischen *tunthus*, im Althochdeutschen *zand* heisst oder φηγός *fagus* auf Gothisch *bôka*,

auf Althochdeutsch *puohha,* so ist das ebenfalls eine Ausgleichung, nur im grœsten Massstabe, über die ganzen Sprachen hin: weil sich die Media, gleichviel auf welchen Anlass, zur Tenuis verhärtet, so steigert die Tenuis sich ihres Theils zur Aspirata, und folgerecht sinkt die Aspirata wieder in die Weichheit der Media herab.

Diese und die übrigen Änderungen nun, einem so festen Gesetze auch jede Erscheinung der Art folgt, sie beherrschen doch keinesweges das ganze Gebiet einer Sprache oder gar einen ganzen Sprachstamm mit überall gleichmæssiger und nie unterbrochener Geltung, wie ja z. B. die Lautverschiebung voll und streng durchaus nicht alle Glieder der indogermanischen Familie trifft: sondern wæhrend dieselben hier immer weiter schreiten, wird dort damit alsobald innegehalten, oder es treten hier nur diese, dort nur jene Verwandelungen ein, und so geschieht es, dass eine Sprache, die ursprünglich eine einzige und in sich einige gewesen ist, sich in Mundarten und, wenn die Mundarten je mehr und mehr aus einander gehn, sich in neue verschiedene Sprachen theilt. Von besonders massgebender Bedeutung sind hiebei die politischen Verhältnisse, die innerhalb des Volkes bestehn, und vielleicht in noch hœherem Grad die Verschiedenheiten der Lebensweise: wo letztere alterthümlich einfacher ist, wird auch die Sprache in der grœsseren Einfachheit und Alterthümlichkeit verharren, und so im Gegentheil. Land und Luft aber wirken, wenn überhaupt, doch gewiss nicht so unmittelbar bestimmend auf den Character einer Sprache ein, als man das gewohnt ist anzunehmen: die Mundart des Friesen auf seiner flachen Nordseeküste ist reichlich ebenso rauh als die bairische und die alamannische der Hochgebirge und die Sprache der Schweden und die der Russen im kältesten Norden kaum weniger weich und melodisch als die italiænische.

Lenken wir jedoch von dieser Betrachtung, die zwar mit auf dem Gebiete, das wir durchwandern, aber etwas seitab gelegen, wieder auf den geraden Hauptweg ein. Die berührten Lautänderungen mœgen der Sprache immer mehr Zusammenklang in sich verleihen und, wo demselben Stœrung droht, ihn wiederherstellen; sie mœgen die Consonanten und zumal die Vocale, deren ursprünglich nur einige sehr wenige gewesen, zu immer grœsserer Zahl und Mannigfaltigkeit entwickeln, dass die Sprache von ihnen wie ein Regenbogen im buntesten Farbenwechsel stralt; sie mœgen auch der Flexion, des Zeitwortes namentlich, einen noch reicheren Wechsel verschiedener, verschiedenartiger Formen zuführen: dennoch ist eben diess der Weg, auf welchem die Sprache zuletzt und rasch in das Gegentheil von alle dem hinabsinkt. Denn der Fluss der Laute, nachdem dieselben einmal so beweglich geworden, steht nicht wieder still, und es treten alsbald auch unorganische Lautwechsel ein, wie in den beiden pelasgischen Sprachen die häufigen Vertauschungen von p und t und k und überall die von s gegen r, oder es fällt von der Wurzel ein wesentliches Stück dahin, wie im Deutschen wenn da schon frühzeitig das h vor Liquiden und vor w verschwindet, oder Vocale, falls sie auch bestehen bleiben, erleiden doch solche Verwischungen ihrer Lautfülle und der ursprünglichen Quantitætsunterschiede, dass zuletzt alle Farbe abgeschossen ist und Wort für Wort eintœnig dasselbe Blassgrau überzieht. Unter solchen Umständen muss sich Vieles, ja das Meiste von dem verlieren, was an den Lauten der Sprachwurzeln das eigentlich characteristische, das malerisch darstellende ist; und namentlich hat die Lautverschiebung, der unser Deutsch gleich in seinen ersten Anfängen unterliegt, auch gleich im Anfange mit Verderbnissen der Art eingegriffen. Der allgemeinen Regel nach werden allerdings Worte, die einen Naturlaut nachahmen, ebenso wenig von ihr betroffen als jene Empfindungswörter, die selbst nur Naturlaut sind: der Deutsche lacht, wie schon die Griechen und Rœmer es gethan, mit $haha$, und da der Frosch uns nicht anders schreit als bereits ihnen, so hat nicht allein der Grieche sein $\varkappa o \acute{\alpha} \xi$ und der Rœmer sein $quaxare$ oder $coaxare$, sondern wir auch sagen $quaken$. Indess die Lautverschiebung læsst sogar dergleichen Ausdrücke nicht unangetastet. Ein Beispiel. Die griechischen Wörter $\varkappa \varrho \acute{\alpha} \zeta \varepsilon \iota \nu$, $\varkappa \varrho \acute{\omega} \zeta \varepsilon \iota \nu$, $\varkappa \varrho \alpha \nu \gamma \acute{\eta}$, $\varkappa \acute{o} \varrho \alpha \xi$ und $\varkappa o \varrho \acute{\omega} \nu \eta$, die lateinischen $crocire$, $crocitáre$, $corvus$, $cornix$ und mit erweichtem Anlaute $graculus$, $gracillare$, $gracitare$ zeigen alle die Verbindung von k oder g mit r, gut onomatopoetisch, wie man ja auch gewohnt ist den Schrei des Raben und der Kræhe als ein kra aufzufassen; nicht anders die deutschen Namen dieser Vœgel, mundartlich $Krapp$ der Rabe, althochdeutsch $chrâa$ die Kræhe, im Altnordischen $kr\acute{a}kr$ Rabe und weiblich $kr\acute{a}ka$ Kræhe, ferner die Zeitwörter $kræhen$, $krachen$, $kreischen$, althochdeutsch $chrockezan$ neuhochdeutsch $krüchzen$: wenn aber daneben einige andre Ausdrücke desselben Sinnes und derselben Wurzel von der Verschiebung der Laute mitgeführt werden, wenn das Kræhen des Hahnes auf Gothisch $hrukjan$, der Rabe auf Althochdeutsch $hraban$ und der Hæher $hruoch$ heisst, so ist mit diesem h die Lautmalerei bereits sehr geschwächt, und gar ein Hauptstück davon wird gänzlich ausgetilgt, wenn das spätere Deutsch auch noch das h beseitigt, also Rabe, Rappe sagt und mundartlicher Weise $Rucch$ und $rucken$ im Sinne von girren.

Es sind jedoch nicht allein die characteristischen Wurzellaute, die so vor der neuen Sprachbewegung zu Grunde gehn: auch die Flexion wird von ihr auf das empfindlichste geschædigt, sogar sie, um derentwillen allein der sprechende Geist auf den jetzigen Standpunkt sich begeben hat. Denn in Folge der erwæhnten Lautschwächungen und sonstigen Verderbnisse verwischen und vermischen sich je mehr und mehr die Unterschiede der flectierten Formen, und die Sprache muss schrittweis eine derselben nach der andern wiederum fallen lassen: so hat schon das Gothische keinen Locativus mehr, schon das Althochdeutsche keinen vom Accusativ verschiedenen Nominativ und Vocativ und kein Medium oder Passivum und das Mittelhochdeutsche nur noch verwehte Spuren des Dualis und des Instrumentalis.

Unter solchen Einbussen gleitet die Sprache allgemach und unmerklich (wer vermöchte die Grenzlinie mit Bestimmtheit anzugeben?) auf ihre dritte und letzte Stufe, in das Greisenalter hinab, wo alles Sinnliche, alles Körperliche welkt, aber auch, wenn man will, hinauf in das Greisenalter mit seinen gehäuften Weisheitsschätzen, in die Zeit, wo der Geistesfunke vor dem letzten Erlöschen noch einmal am hellsten flammt und fast nur noch dieses geistige Element zu gewahren ist. Durch alle sprachliche Darstellung hin weht nun ein kühler scharfer Zug der Abstraction; was im Beginn die unmittelbarste sinnliche Anschauung, dann wenigstens ein Bild gewesen, jetzt ist das meist nur noch ein Rahmen, in den je nach Umständen sehr wechselnde Begriffe zu fügen sind: die Philosophie versteht das wohl auszunützen. Aber die Worte eignen sich auch zu solcher Behandlung; fast alle sind sie bis auf das Äusserste entstellt und befinden sich, wie diese ihre Laute den eigentlichen Gehalt nicht mehr erkennen lassen, auf dem geraden Wege blosse Chiffern zu werden. Darum ist auch für das Gefühl der Sprechenden kein rechter Unterschied mehr vorhanden zwischen einheimischen und fremden Worten: die einen sind ja um nichts verstandener und liegen dem etymologischen Bewusstsein um nichts mehr næher als die andern: wæhrend die einheimischen in Menge, ja familienweis aussterben, überhäuft sich die Sprache auch massen- und familienweis mit solchen, die sie rings aus aller Welt zusammenborgt, und wie oft doch sind diese Fremdwörter vollkommen entbehrlich, wie oft auch voll von barbarischen Verstœssen gegen die Sprachen selbst, denen man sie entnommen vermeint: man erlaube mir hiebei besonders an den Wörterschatz der Naturforschung und der Mathematik zu denken; ja wie oft sind es nicht einmal rechte Fremdworte, sondern gut und alt einheimische, und es hat ihnen das Ausland nur ein neues Kleid gegeben: aber diess ausländische Kleid machte sie unkenntlich oder empfahl sie besser. Wenn z. B. wir von *Banditen* und *Spionen*, von *Fresco* und *Émail* und *Gravierung* sprechen, so klingt das wohl wie Italiænisch und Franzœsisch, der Kern und Grund davon ist aber deutsch, unsre Worte *bannen* und *spæhen*, *frisch* und *schmelzen* und *graben*.

Diess alles bringt die letzte Sprachstufe in den entschiedensten Gegensatz zu der ersten und zu deren Kraft aus eigener Fülle zu schöpfen und zu der Sinnlichkeit jeder ihrer Schöpfungen. Am auffallendsten das in einer Beziehung, wo auf den ersten bloss flüchtigen Blick hin beide vielmehr überein zu stimmen scheinen. Dort, im Anfange, war noch keinerlei Flexion vorhanden: man brachte noch, was spæterhin durch diese bezeichnet wird, in selbständig aufgestellte Worte. Hier, am Ende, giebt es nur noch hœchst dürftige Flexion und theilweis wiederum gar keine mehr, und wiederum treten im Sinne derselben und an deren Statt eigene Zu- und Vorsatzworte ein, Hilfsverben um die Tempora, Præpositionen oder, wie im Schwedischen, im Dænischen, im Rumænischen, der hinten angehängte Artikel um die Fälle der Declination zu umschreiben, und wie viel andres von der gleichen Art! Aber (und darin liegt der Unterschied) alles das ist hier nur Ersatz für erlittene Verluste, frische Analyse einer bereits vorangegangenen Synthesis, alles das eben nur Umschreibung, und den Worten und Wörtchen, die man dazu braucht, wohnt kein eigener Bedeutungswerth mehr inne: auf sie passt der Name, den die chinesische Grammatik, für ihre Sprache noch ungehœrig, den Pronominibus und Partikeln giebt: sie sind „leere Wörter". Wæhrend die älteste Zeit in der einfacheren Art des Alterthumes mit jedem Worte gleichsam Gold um Gold darwog, ist, was die neueste zahlt, stark untermischt mit Scheidemünze oder gar mit blossen Rechenpfennigen. Und je massenhafter solch kleines Geld mit unterläuft, je mehr es an volleren und dadurch bestimmenden Formen der Worte selbst gebricht, desto unfreier muss auch der Bau der Sätze werden und desto beengender die Regeln, nach welchen die einzelnen Glieder derselben theils zu verbinden, theils zu trennen sind: man halte nur um dafür einen Beleg zu haben irgend einen griechischen oder lateinischen Satz gegen dessen franzœsische oder auch die deutsche Übertragung. Und doch, so herabgesunken nach dem allem die letzte Sprachgestaltung erscheinen muss, insofern man auf ihren leiblichen Theil und die sinnliche Seite der Formgebung achtet, so ist wahrlich damit nicht ausgeschlossen, im Gegentheil, es ist nun eine Nothwendigkeit, dass sich in ihr der grœste Reichthum geistiger Art ausspræge, und wæhrend sie es allerdings ermœglicht mit dem breitesten Strome von Worten zuletzt nichts zu sagen, bietet sie ebenso wohl die

Mittel dar auch das tiefst und feinst gedachte noch in Klarheit und Schärfe mitzutheilen und jedem Streiflicht, jedem leisesten Schatten der Empfindung einen Ausdruck zu geben, der zum Nachempfinden sowohl nœthigt als befæhigt. Nur eben auf Eines muss auch hiebei stæts verzichtet werden: was an der Sprache tœnende Form ist, wird nie mehr so wie vordem characteristisch mit dem Inhalte zusammenklingen: dafür ist dieselbe jetzt zu einfarbig und entfärbt, noch entfärbter als schon auf der Senkung der vorigen Stufe, dafür ist sie den Sprechenden meist zu gleichgültig geworden. Namentlich in Folge dessen nimmt nun auch die Musik eine von der bisherigen weit abweichende Stellung zu der Sprache der Dichtung ein. Im Anfange waren Sprechen und Singen wesentlich eins, in der mittleren Zeit Poesie und Gesang zum mindesten noch eng verbunden: jetzt in der dritten wird gesanglos gedichtet, und wæhrend früherhin die Instrumentalmusik sich dem Gesange unterzuordnen pflegte (ein altdeutscher Dichter nennt Getœn ohne Worte einen todten Lärm), steht sie nun lieber für sich allein da, auf ihren eigenen stolzen Füssen, und trægt uns „Lieder ohne Worte" vor. Das heisst: der Tonsinn, der einmal im Menschen lebt, der aber jetzt über die Sprache des Menschen nicht mehr waltet und dem die Sprache nicht mehr taugt, er sucht seine Befriedigung ausserhalb derselben, ganz wie auf der vorigen Stufe, als sich zuerst in der Sprache die Körperlichkeit der Anschauungen schwächte, dem Triebe dazu Ersatz und Genüge in der bildenden Kunst ward. Übrigens habe ich hier zumal Deutschland, und was dazu gehœrt, im Auge; es wird kaum ein Zufall sein, dass Italien, dessen Sprache selbst noch so voll von Wohllaut ist, immer noch mehr die Vocalmusik als die instrumentale pflegt.

Die durchgehende Vergeistigung der Sprache, die ich

versucht habe darzulegen, würde die sichere Vorbotinn ihres
baldigen Absterbens sein, wenn nicht Ein Umstand sie aufrecht
erhielte, wenn nicht eine Art von Erstarrung, in welche sie
gerade jetzt verfällt, sie bewahrte vor der Auflœsung und Ver-
wesung. Auf der vorigen Stufe hatte sie sich zu einer Sprache
der Litteratur erhoben: auf dieser letzten entsteht, bei den
Völkern der neueren Welt noch unterstützt durch die Erfindung
der Buchdruckerkunst, die Schriftsprache, und wohl geschieht
das in Weiterwirkung jenes früheren Vorgangs: doch aber
tritt ein Unterschied dazwischen, ebenso gross und weit, als es
ein Andres ist, ob die Richtigkeit des Sprechens und Schrei-
bens einzig in der lebendigen Übung oder zuvörderst auf
der Theorie beruht, ob die Sprache den in ihr selber liegenden Gesetzen folgt oder Regeln, die von aussen her ihr
auferlegt werden. Letzteres aber widerfæhrt der Sprache
nun: sie steht jetzt unter der Schulzucht der Grammatiker.
Und wie schon diese den todten Buchstaben gern über Alles
setzen und ihr Wissen und Wirken gelegentlich ganz auf-
geht in rechtschreiberische Absonderlichkeit und Quælerei,
so ist auch anderweitig die Schrift für die Schriftsprache
nicht umsonst das zuerst genannte. Wir haben vorher das
Denken als ein inneres Sprechen bezeichnet: bloss die Schriftsprache und deren Zeitalter ins Auge gefasst, würden wir
vielleicht noch besser sagen, das Sprechen und schon vor
dem Sprechen das Denken sei ein inneres Schreiben. Die
ganze Sprache ist nun wie gesättigt mit Tinte und mit der
Schwärze des Bücher- und des Zeitungsdruckes; kaum hat
das Kind zu sprechen, kaum zu denken angefangen, so lernt
es auch schon lesen und schreiben, und welche Einbusse
dadurch, der Læhmung des Gedächtnisses gar nicht zu er-
wæhnen, die Gabe der freier fliessenden Rede leidet, das
erfahren die Meisten von uns zu ihrem Verdrusse tæglich

an sich selber. Und auch wer, was das Seltuere ist, sich diese Gabe unverkümmert bewahrt oder sie trotzdem sich erworben hat, auch ein solcher spricht doch oft nur wie gedruckt oder wie für den Druck und baut, wenn er als Redner vor uns tritt, Perioden, welche die rechte Übersichtlichkeit und Verständlichkeit erst dann erlangen würden, wenn sie uns Schwarz auf Weiss vor Augen lægen, oder erinnert (das Beispiel ist unscheinbar, doch bezeichnend) seine Zuhœrer gelegentlich an etwas, das er schon „oben" gesagt habe. Das also ist hier der grosse Gegensatz zwischen der früheren und dieser spætern Stufe: als die Sprache zuerst Litteratursprache ward, lüfteten sich ihr erst recht die Schwingen zu weiterem schnellem Flug auf dem Wege der Entwickelung: nun sie Schriftsprache ist, sind ihr die Flügel beschnitten, und sie ist von den Buchstaben und von den Regeln der Grammatiker, die sie rings umgeben, wie von Zaubercharacteren und Zauberformeln festgebannt. Aber eben dadurch auch festgestellt und auf lange hinaus verwahrt gegen ferneres und gegen das allerletzte Sinken.

Wæhrend jedoch so die Sprache selbst ihr Leben behauptet, wirkt sie um sich her ertœdtend: Mundarten, welche einst auf gleicher Linie neben der gestanden, die nur ein Zufall zur Schriftsprache gemacht hat, Mundarten, welche vielleicht noch besser berechtigt gewesen wæren eine so erhœhte Stellung einzunehmen, jetzt liegen sie tief unter den Füssen jener und verarmen und werden unbeholfen in ihrem Mangel an Litteratur, arten in Rohheit aus, weil die gebildete Welt sie zurückstœsst, und verstummen und sterben eine nach der andern. Auch die Bergmannssprache, die Jægersprache, die Gaunersprache haben dem gegenüber, was in der Litteratur und der Gesellschaft gilt und verstanden wird, etwas Mundartmæssiges: sie aber trifft kein solches Schicksal: denn es ist keine Besonderheit der Laute noch der Bildungs- noch Biegungsweise, worin hier die Abweichung beruht, es ist nur ein Vorrath mannigfach eigenthümlicher Worte, und deren Bestand wird sowohl durch die Dinge selbst gesichert, für welche sie der Ausdruck sind, als durch das Standesgefühl derer, die so sprechen.

Den Übergang nun in dieses Greisenalter mit seiner Dürftigkeit und Erstarrung in leiblichen, seinem Reichthum und seiner Beweglichkeit in geistigen Dingen kann, wie im Leben des einzelnen Menschen, so in dem der Sprache eine schwere Krankheit, vielleicht auch nach der Krankheit ein nochmaliges Aufleuchten der Lebenskraft bezeichnen, das beinah jugendlich erscheint, aber doch nur so. wie oft Spætjahrstage uns frühlingshaft gemuthen. Ich denke dabei an die grausenhafte Zertrümmerung des Lateins, welche die des rœmischen Reiches selbst begleitete. und wie sodann aus diesem Schutt und Moder die Sprachen der romanischen Völker sich aufgebaut haben, wiederum in solcher Gesetzlichkeit, dass die Sprachgeschichte schwerlich ein zweites gleich wunderbares Ereigniss kennt; ich denke dabei an die Englische Sprache, diess Kind einer gehäuften Bastardzeugung, das Ergebniss wiederholter Völker- und Sprachenmischung durch Blut und Eisen, aber auch sie bewundernswerth, als ein schlagendes Beispiel, wie der Menschengeist es vermag sogar mit den unvollkommensten Mitteln und mit einem äusserst geringen Aufwande von Mitteln doch zu äusserst grossen Erfolgen zu gelangen: denn wie diese Sprache von halben und zerdrückten Lauten überflutet ist, die jeder Darstellung durch den Buchstaben spotten (nach alter Unterscheidung aber wird daran der articulierte Laut erkannt, dass er geschrieben, und daran der unarticulierte, dass er nicht kann geschrieben werden), wie sie zugleich in Betreff der Flexion eine Verarmung zeigt, die nicht mehr weit abliegt von der gänzlichen Flexionslosigkeit jener ersten, der chinesischen Stufe, da möchte fürwahr kaum eine andre leiblich zurückgekommener sein als sie: wer aber dürfte das auch von dem Geiste sagen, der in dieser unschœnen Hülle wohnt?

Und unser Deutsch? Zwar ist es mit diesem noch nicht ebenso weit gediehen: wohl aber (und ich habe ja mehr als einen der bisher beigebrachten Charakterzüge gerade aus ihm entnehmen können) wohl steht unser Deutsch bereits auf dem Abschuss des Weges; es ist auch nach den fünfzehn Jahrhunderten seiner Litteraturgeschichte und den wer weiss wie vielen, die ohne Litteratur noch jenseits liegen, wahrlich jetzt alt genug für das Greisenalter, und nicht erst in der neueren und neusten Zeit ist diese Senkung von ihm betreten worden, sondern wir können vereinzelte Anfänge des Endes und Vorbereitungen darauf schon im Mittelalter gewahren. Lassen Sie mich hier und von hier an nur noch für einen Punkt, der aber ein Hauptpunkt ist, Ihre Aufmerksamkeit in Anspruch nehmen: ich meine das Entschwinden des Bewusstseins von dem eigentlichen Sinn und der früheren sinnlichen Eigentlichkeit der Worte. Wir geben dieselben aus, wir nehmen sie ein, gleichgültig, ohne Gehalt und Prægung zu beachten: wollten wir das aber auch, so ist doch die Prægung meist verschliffen und damit zugleich das alte Metall selbst unscheinbar geworden und entwerthet, an Gewicht verringert. Manch altes Wort zwar hat sich nicht weiter verändert, als der allgemeine und gesetzmæssige Gang der Lautentwickelung es mit sich brachte, und doch verstehn wir es nicht, weil es innerhalb der jetzigen Sprache keine Verwandten mehr hat, die uns etwa zum Verständniss hülfen, weil es ein verwaister Schoss aus weit entlegener, tief verschütteter Wurzel ist: so wird es denn unverstanden gebraucht, gelegentlich auch missverstanden und missbraucht. Andre aber, und solcher möchte die grœssere Zahl sein, haben sich mehr und nicht auf die Art umgestaltet, wie eigentlich recht und nœthig war: sie sind verderbt und entstellt, weil man sie schon längst nicht mehr versteht, und man versteht sie nicht mehr, weil sie schon längst so entstellt sind. Wir wissen ja, auf welche Irrwege die rœmischen Sprachforscher und nicht bloss Männer wie Nonius und Fulgentius, sondern bereits der alte Varro zu gerathen pflegen, auf welche auch Plato, wenn sie über den Ursprung und den ursprünglichen Sinn eines griechischen oder lateinischen Wortes Auskunft suchen; nicht schlimmer noch besser sind bei den Deutschen des Mittelalters die Etymologien des Deutschen, und sie beherrscht namentlich die verkehrte Neigung wo mœglich nur Entlehnungen und Entstellungen aus den classischen Sprachen zu erblicken. Entschuldigen wir die Einen wie die Andern: beiden mangelte noch, was die einzige Schule einer gesunden Etymologie ist, Sprachgeschichte und Sprachvergleichung, und das Mittelalter, Isidor an der Spitze, folgte lediglich nach, wie die Rœmer ihm vorangegangen. Indess so überall undurchsichtig ist den Deutschen ihr Deutsch doch erst spæter geworden, und wenn es unter den Karolingern, ja den Hohenstaufen meist noch mœglich gewesen wære ein Wort aus der Sprache der Zeit selber zu erklæren, heut zu Tage ist es in zahllosen Fällen nicht mehr so: wir müssen zu dem Ende um Jahrhunderte, oft um ein Jahrtausend und weiter rückwärts.

Mitunter freilich möchte es scheinen, das Nichtkennen und Nichtbeachten der Etymologie sei eben kein Schade für uns, und in der That für Manchen wære es vielleicht sogar ein Ärgerniss, wenn unser Bewusstsein uns noch stæts daran erinnerte, dass die *Ostern*, das hœchste Fest der christlichen Kirche, ihren Namen haben von *Ôstarâ*, einer Frühlingsgöttinn unsrer heidnischen Vorfahren, und ebenso der *Freitag* von *Fria*, der alten Götterköniginn. Dafür aber ist es, was nun den *Karfreitag* angeht, ganz nützlich zu wissen, es komme diess *Kar* von einem altdeutschen Zeitwort *karen* d. i. wehklagen her und habe mit dem griechischen $\chi\acute{\alpha}\rho\iota\varsigma$ nichts zu thun: ergiebt sich doch daraus die hœchst wichtige Lehre, dass man eben *Karfreitag* schreiben müsse, nicht *Charfreitag* mit *ch*. Wenn ich dem noch einige andre Beispiele von demselben geistlich-sittlichen Gebiete hinzufügen darf, was denken wir uns bei den Worten *Elend* und *Wonne*, bei *Glauben, Liebe, Treue?* *Elend*, vormals *elilenti*, bedeutete da das andre Land, die Fremde: es ist schœn und für das Vaterlandsgefühl unseres Volkes bezeichnend, wie daraus die jetzige Bedeutung hat folgen können; *Wonne* besitzt in der Grundgestalt *vinja*, spæter auch noch in der Rechtsformel *wunne und weide* den Sinn von Weide oder Wiese, und der *Wonnemonat* der Mai ist eigentlich nur der, in welchem das Wiesenland bestellt wird: der neuere Begriff des Wortes beruht auf derselben Anschauung wie unser *Augenweide*. So sind auch *Glaube* und *Liebe* und *Treue* echteste Ausdrücke des Lebens in der Freiheit und der Fülle der Natur: denn die beiden ersteren (*Glaube* ist syncopiert aus *Gelaube*) und mit ihnen *Lob* und *geloben* und *erlauben* kommen ebenso aus einem und demselben Stamm mit dem Worte *Laub*, wie in den pelasgischen Sprachen $\varphi\acute{\iota}\lambda o\varsigma$ und $\varphi\acute{\upsilon}\lambda a\xi$ sich vereinigen mit $\varphi\acute{\nu}\lambda\lambda o\nu$ und *folium:* der sinnliche Grundbegriff ist der des bedeckenden und erfreuenden Übergrünens, des Grünseins, wie ja wir noch bildlicher Weise von der Gunst und Freundlichkeit sagen; die *Treue* aber, die gleich einem Baume auf fester Wurzel steht und nach Darstellungen der alten Kunst, deren auch unsre Mittelalterliche Sammlung einige besitzt, als Blüte von dem Baum der Liebe gepflückt oder in denselben geimpft wird, hat ihren Namen von dem Zeitwort *triuwan*, welches das kräftige Wachsthum der Pflanzen, und von *triu*, das einen Baum bezeichnet.

Diese letzten Andeutungen sind mir ein Fingerzeig noch zu einigen Beispielen ganz gegenseitiger Art überzugehn, zu Worten der Naturgeschichte wie *Eidechse, Heuschrecke, Elster, Lerche. Eidechse* bezieht sich zugleich auf die Unheimlichkeit dieses Reptils und auf die characteristische Beweglichkeit seines Schwanzes: denn *egidehsa* (so lautet das Wort ursprünglich) bedeutet ganz übereinstimmend mit dem griechischen $\varkappa\varrho o\varkappa\acute{o}\delta\epsilon\iota\lambda o\varsigma$, bekanntlich dem Wort auch für die kleineren Eidechsarten Europas, s. v. a. Schreckschwanz oder schrecklich wedelnd; es war, da eben *Ei-dechse,* nicht *Eid-echse* abzutheilen ist, gerade nicht der glücklichste Einfall dem *Griphosaurus* der Urwelt auf Deutsch die Benennung *Ræthselechse* zu geben. *Heuschrecke,* so fürchterlich auch dieses klingt, bezeichnet das Insect doch nur als einen Springer im Grase (denn *schricken* ist auf Altdeutsch springen) und hat somit keinen anderen Sinn als all die übrigen landschaftlich beschränkten oder veralteten Namen desselben Thieres. *Elster*, zusammengezogen aus *ágalstrâ* (unser *Aegerste* hält sich dem noch merklich næher), ist die übel singende, bœsen Zauber singende, von *galan* singen, demselben Wort, das auch der *Nachtigall* ihren Namen gegeben, oder unmittelbarer von *galstar* Gesang, Zaubergesang, Zauber, mit Hindeutung also auf das Vorzeichen, das der Aberglaube in dem Geschrei und schon der blossen Erscheinung dieses Vogels erkennt. Endlich *Lerche*, althochdeutsch *lêrohhâ* und *lêrahhâ:* noch früher muss das *leiswahhâ* gelautet haben: der Sinn ist Furchenwacherinn: kaum graut der Morgen, und schon aus dem Acker steigen die Lerchen auf. *Leiswahhâ, lêrohhâ,* damit ist ein Wort ausgesprochen, das uns alle, die wir uns hier versammelt sehn, berührt, und das zugleich ein Beispiel von mehr denn tausendjæhriger Verdunkelung ist, das Wort *Lehre* und was sonst dazu gehœrt. *Leisa, leise* ist so viel als Spur und als Furche: *laisjan,* womit Ulfila das griechische $\delta\iota\delta\acute{a}\sigma\varkappa\epsilon\iota\nu$ übersetzt, heisst also eigentlich auf die Spur bringen: das Althochdeutsche, indem es daraus *lêran* und substantivisch *lêra* macht, wæhrend es doch in *leisa* Spur die ursprünglichen Laute beibehält, verkennt und verwischt bereits jene sinnliche Grundlage des Begriffes.

In welchem Mass aber die Entstellung gleich einem verzehrenden Rost sich an die Worte legt, das zeigen am auf- und augenfälligsten die zahlreichen Zusammensetzungen, deren zweiter Bestandtheil, weil seine Betonung von je her nur eine schwächere gewesen, zu gänzlicher Tonlosigkeit, fast auch zur Lautlosigkeit des Vocals und mit beiden zu dem Anschein einer bloss ableitenden Endsylbe heruntergesunken, ja vielleicht so eingeschwunden ist, dass von ihm, der Benennung des eigentlichen Haupt- und Grundbegriffes, nur noch ein einziger Consonant als letzte verstohlene Spur zurückbleibt. Nehmen wir als Beispiele (eigentlich ist schon *Lerche* ein solches gewesen) die Worte *Adler, albern* oder wie noch Lessing gesagt hat *alber, bieder, Eimer, Messer, Wimper, Züber.* Das klingt zwar jetzt alles in die Bildungsweise von *nieder,* von *Tadler, Reimer, Feldmesser* u.s.f.

hinein: blicken wir jedoch in der Sprachgeschichte rückwärts, so ist *Adler* aus *adelar, alber* aus *alawâri* entstanden, und diess bedeutet ganz wahrhaft: erst die herzlose Verständigkeit der Nachgeborenen hat auch hier das Einfältige, das Schlecht und Rechte zum Gespött gemacht; ferner *bieder* aus *bidarbi* brauchbar; *Eimer* und *Züber* aus *einbar* und *zwibar*, Gefäss das mit einer und das mit zwei Handhaben getragen wird; *Wimper* aus *wintbrâwa*, der Braue, die das Auge gegen den Wind schützt; endlich *Messer*, næmlich als Neutrum, hat eine Geschichte, die etwas länger und umständlicher ist: die älteste Form war *mezzisahs*, gebildet aus dem gothischen Zeitwort *matjan* essen und dem Substantivum *sahs*, das schon selbst s. v. a. Messer war: hieraus denn ist (man kann es Schritt für Schritt verfolgen) zunæchst *mezzirahs* und *mezzarehs*, dann *mezziras* und *mezzires*, sodann *mezzers* und, mit letzter Entstellung, *mezzer* geworden. Urspünglich also in dieser Reihe von Worten welch eine Mannigfaltigkeit der Laute und Begriffe! Jetzt treffen sie alle in einen und denselben lautlosen, tonlosen, nichts besagenden Schluss zusammen. Vorzüglich aber gewæhren die Eigennamen, die von Personen wie die geographischen, Beleg über Beleg für den Sprachvorgang, den wir jetzt behandeln: beiderlei Worte werden so viel mehr als andre gebraucht, dass sie auch stärker und früher und häufiger sich abzunutzen pflegen. Zum Beispiel *Walter* und *Ræmer* und der Flussname *Eider*, die jetzt alle drei wieder in *er* auslaufen, ursprünglich haben sie, sehr ungleich unter einander, *Walthari* Gewaltheer, *Rômwari* Vertheidiger Roms und *Agadorâ, Egidorâ* Thor des Meeres gelautet. Ja es kommt hier vor, dass in Folge derartiger Schwächung der zweite Bestandtheil ganz beseitigt wird: so hiess es Anfangs *Wisuraha* oder zusammengezogen und angeglichen, aber noch als Benennung desselben Flusses *Wirraha*, dann *Wisurâ* und *Wirrâ*, endlich jetzt, indem man die beiden Formen geographisch unterscheidet, *Weser* und *Werra:* von dem alten *aha* Wasser ist an der ersteren nichts mehr übrig.

Es geht jedoch nicht überall und allein in dieser Weise zu. Der Greis findet Mittel um noch auf einige Jahre hinaus sich frisch zu verjüngen: so auch und auch nicht erfolglos regt in der absterbenden Sprache sich der Trieb von neuem eine grœssere Fülle sinnlicher Anschaulichkeit herzustellen. Ich sage das zunæchst von dem letzten Zeitalter unseres Deutschen: es ist das aber auch ein Hauptmerkmal der sogenannten silbernen Latinitæt, und das Streben des jetzigen Englischen wieder sächsischer zu werden hat im Wesentlichen denselben Anlass. Zu diesem Zwecke schlægt die Sprache unter anderm und vorzüglich den Weg ein, dass sie mit den gegebenen alten Worten ein neues etymologisches Bewusstsein zu verbinden sucht. Ein neues, das heisst ein andres als das eigentlich richtige: es wird nicht etwa die ursprüngliche Form wieder ins Leben gerufen: die ist einmal dahin, ist verschollen und vergessen; sondern nach Laune und Zufall und aufs Gerathewohl tritt diese oder jene Umgestaltung ein, die das verdunkelte Wort in neue Färbung und Beleuchtung rückt, ihm andere Laute und damit wieder einen Sinn giebt, einen Sinn der zur Sache passt, vielleicht auch einen ganz schiefen, vielleicht einen der baarer Unsinn ist: aber man denkt sich doch nun wieder etwas bei dem Worte, es klingt zum wenigsten so, als solle und könne man sich etwas dabei denken. In solchem Verfahren zeigt sich besonders deutlich, wie nun die Sprache sogar zu ihren eignen und den heimathlich ererbten Schätzen steht: denn eben dasselbe hat sie von je

gethan um sich entlehntes fremdes Gut, um sich Fremdwörter anzueignen, indem da z. B. *Antichristus*, treffend
genug, auf Deutsch in *Endekrist* umgebildet ward, *cavezzone*
in *Kappzaum*, *serpentin* in *Scharpfentiner*, *tartoufle* in *Kar-
toffel*, *Ertoffel*, *Erdapfel*: ich habe diese „Umdeutschungen"
bei einer früheren Gelegenheit ausführlich behandelt. Und
wohl darf beiderlei Worten gegenüber das Gleiche gelten:
beide sind unverständlich, beide unverstanden: deshalb wird
dort der fremden, hier der abgeschliffenen heimischen Münze
ein frisches Gepræge aufgedrückt und so dieselbe neu in
Umlauf gesetzt. Dergleichen Wiederbelebung erstorbener
Worte hat allerdings schon die mittlere und schon früher
die althochdeutsche Zeit geübt, wie auch die romanischen,
wie auch schon die beiden pelasgischen Sprachen davon
wissen: in rechter Fülle jedoch und als vollendete Eigenheit stellt sie sich zuerst im Neuhochdeutschen dar. Ich
bin meinen Zuhœrern auch hievon Beispiele schuldig; bei
der Unmenge, die vorliegt, muss ich es wieder mehr dem
Zufall überlassen, ob die wenigen, die ich herausgreife,
gerade auch die passlichsten sind.

Zuweilen bleibt das alte Wort selber noch unangetastet.
und es tritt nur um dessen Sinn auszudeuten und dadurch
neu zu beleben ein anderes hinzu, welches ganz oder theil-
weise den gleichen Begriff enthält, aber der jüngere, jünger
übliche Ausdruck dafür ist; es tritt hinzu, vor oder hinter
das veraltete, indem es sich entweder vermittelst eines *und*
demselben beiordnet oder. enger verknüpft, eine Zusammensetzung mit ihm bildet. Wie also *null und nichtig*, *Lob
und Preis*, wie *Pœbelvolk* und bei den Schwaben *Lichtkarz*
zur Umdeutschung des Fremden, der Worte *null* und *Preis*,
Pœbel und *Kerze* dienen. ebensolche Verbindungen und
Bildungen werden nun auch zur Erneuerung des Alten ge-

troffen. Beiordnungen mit *und* z. B. *Fug und Recht, Leib und Leben, Schiff und Geschirr*, wo das Alte voransteht, *Schatz und Hort, Nutz und Geniess, Schutz und Schirm*, wo es den zweiten Platz einnimmt. Zusammensetzungen, die mit dem Jüngeren beginnen, *Flossfeder, Fusspfad, Tischgenosse*: schon *Feder* allein war früherhin, im Altsächsischen wenigstens, s. v. a. Flosse, *Pfad* ein Fussweg, *Genosse* ein Mitessender. Oder das besser verstandene jüngere Wort steht hintennach, und wir sagen *Lindwurm, Sprichwort, wildfremd*, wæhrend ursprünglich schon der einfache erste Theil genügt hat auszudrücken, was gemeint ist.

In den weitaus meisten Fällen jedoch findet kein solcher Zusatz eines zweiten neueren Wortes statt, sondern das alte Wort selbst und allein wird umgestaltet, wird in veränderte Laute und so in den Anschein wiederum eines Begriffs hinübergezogen: hiemit denn geschieht die Erneuerung ganz und voll und in der eigentlichsten Weise.

Als ein Hauptkennzeichen der sinkenden Sprache haben wir vorher deren Neigung kennen gelernt Zusammensetzungen so zu verderben, dass sie wie Ableitungen aussehn: dem stellt sich hier das gerade umgekehrte gegenüber: es werden Ableitungen, indem man der Schlusssylbe eine græssere Fülle des Lautes und des Sinnes belæsst und giebt, in Zusammensetzungen verwandelt: ein Widerspiel, das, wie einmal jetzt die Entwickelung der Sprache vor sich geht, durchaus nur folgerecht erscheinen darf. Zum Beispiel *Einœde* und *weissagen* hat erst eine jüngere Zeit so doppelhaltig belebt: im Althochdeutschen waren *einôti* und *wizagôn* lediglich noch Ableitungen von *ein* und von *wizago* d. i. Prophet, letzteres wieder eine Ableitung von *wizan* schauen: die Änderung in *wissago*, die Umdeutung also auf die Begriffe *weise* und *sagen*, fängt übrigens schon im zwölften Jahrhundert an. Ebenso kommt *trübselig* von *Trübsal* und dergleichen mehr: manche Bevölkerung, auch die hiesige, spricht das aber mit *æ*, *trübsælig* aus, als ob *trübe* und *selig* zusammengesetzt wæren.

Gewœhnlich jedoch sind es nicht so wie in diesen Worten die beschliessenden Nebenlaute, sondern die Vocale und die Consonanten der Wurzel selbst, welche die umdeutende Neugestaltung trifft. Ich nehme die ersten Beispiele gern abermals von Basler und sonst von Schweizer Boden. *Bethætigen* wird hier oft so gebraucht, dass es den Sinn von zureden, beschwichtigen haben soll: dafür ist jedoch die eigentliche Form *betædigen*, noch eigentlicher *beteidingen*, und das kommt ebenso wie *verteidigen, verteidingen* von *tagedinc teidinc tæding* Verhandlung vor Gericht und überhaupt s. v. a. Rede. Eine Abgabe von Lebensmitteln, die zum Verkauf eingeführt werden, nannte man hier wie sonst anfänglich *ungelt*, mit demselben *un* zur Bezeichnung des Lästigen wie z. B. in *Unkosten*: daraus ist zunæchst *Umgeld* und aus *Umgeld*, indem man das Wort auf die Abgabe von Getränken eingeschränkt, wieder *Ohmgeld* geworden. *Fronfasten*, der Name derjenigen Hauptfasttage der alten Kirche, die sich auf die Quatember, die *quatuor tempora*, vertheilen: er bedeutet dasselbe, was der anderswo übliche Ausdruck *Weihfasten*, næmlich heilige Fasten: Anschauung und Sprache des Volkes stellt aber eine Art von mythischer Persœnlichkeit, die *Frau Faste*, daraus her, ganz æhnlich, wie aus dem *berhten* d. i. dem leuchtenden *tage*, der früheren deutschen Benennung des Festes Epiphaniæ, schon im Mittelalter seit 1300 eine nachtrægliche Spukgöttinn, die *Frau Berchte*, erwachsen ist, der zu Ehren unsre Freunde in Zürich heut noch gleich·nach

Jahresanfang „bechtelen". Ferner, wir haben ein Zunfthaus zu *Spinnwettern*: nach dem Wortlaut wæren das Spinngewebemacher: die früheren Benennungen aber, die der verdiente Topograph des alten Basel nachweist, sind *Spinwerters*, *Spiwerters*, *Spichwerters hûs*, und dieser letztere, *Spichwerter*, ist unter Kœnig Albrecht I der Name eines Mannes aus Seckingen gewesen: hier müssen wir freilich mit Erklæren innehalten. und es bleibt zu vermuthen, dass *Spichwerter* selbst schon irgendwie entstellt sei. Verlassen wir aber jetzt die Stadt und wenden uns auswärts. Vordem, da wir noch zu Fusse nach Aarau giengen, nahmen wir den Weg gern über die *Schafmatt*: das klingt nun ganz idyllisch: im Mittelalter jedoch hiess dieser Bergübergang die *Schachmat* d. i. die Raubmatte. Dann *Wiesendangen* bei Winterthur, *Wiesensteig* bei Ulm und gar *Wiesenthau* bei Forchheim, lachen uns diese Dorfnamen nicht wie eine wonnige Frühlingslandschaft an? Es war anders, da man noch *Wisuntwanga*, *Wisontessteiga*, *Wisentouwa* sagte, Feld und Steig und Au des Wisentochsen: hier also ist wirklich ein Thier und ein wilderes als dort der Namengeber. Beispiele aus Speier und Frankfurt: eine Brücke in jener Stadt, die man spæter *Diebsbrücke* genannt, hiess ursprünglich *dietbrucge* Volksbrücke, eine Brücke für Alle, und umgekehrt das jetzige *Gallenthor* in Frankfurt das *Galgenthor*. Endlich noch entfernter gen Norden *Holstein* und die *Holsteiner*, Laute die uns an einen hohlen Fels zu denken nœthigen: indess der heimische Name des Volkes dort und darnach des Landes ist *Holsten*, diess aber zusammengezogen aus *Holtseten* Holzsassen d. i. Waldsassen, ebenwie das Niederdeutsche auch *insete* Insasse, *lantsete* Landsasse, *drochtsete drossete* Truchsesse so zusammenzieht, dass daraus *inste*, *lanste*, *droste* wird.

In Fällen, wie die bisherigen, und am ärgsten wohl in dem letztangeführten, geht die Verderbniss der Laute Hand in Hand mit einer Verderbniss und Verkehrung des Sinnes: in anderen dagegen ist einzuräumen, dass mit der neuen Lautgebung ein passlichster Sinn neu hergestellt und in der That ein Gewinst für die Sprache ist erreicht worden. Auch davon Beispiele. Man hat in früherer Zeit allgemein, wie das noch jetzt in Mundarten des Südens geschieht, *Fasnacht* oder vollständiger *Fasenacht* gesprochen, von einem Stammwort *fasen* d. i. spielen, scherzen, und hat die Vorhœfe der Kirchen, da solche auch als Freistätten dienten, *frithof* geheissen, von *friten* schonen: beides ist frisch in unser Verständniss hereingerückt, seitdem wir mit Bezug auf die Fasten, die der Fasnacht folgen, *Fastnacht* sagen, und einen Kirchhof, den Ruheplatz der Todten, nicht *Freithof* nennen, wie das alte Wort doch eigentlich jetzt lauten sollte, sondern *Friedhof*. Bei *Nagelbohr* haben wir den Nagel im Sinne, der in die vorgebohrte Öffnung soll geschlagen werden, und *Handwerk* ist (es kann nicht fehlen) die Arbeit der Hände: inzwischen lehrt die Geschichte der Sprache, dass *Nagelbohr* zunæchst aus *nagebor*, diess aus *nageber*, diess wieder durch Umstellung aus *nabegér* entstanden ist: *nabegér* aber (wir haben das Wort noch in dem Geschlechtsnamen *Næbiger*) bezeichnet ein Eisen, welches sich dreht wie eine Nabe; und dieselbe lehrt, dass unser *Handwerk* umgebildet ist aus *antwerc*, welches zuerst die Benennung einer Gerætschaft zum *Entwürken*, einer Angriffs- und Zerstœrungsmaschine, wie man sie bei Belagerungen brauchte, dann einer Maschine überhaupt, dann jedes Werkzeuges, dann auch der Berufsarbeit damit gewesen.

Und nun die letzten Belege: ich wende mich mit denselben wiederum gern zu den verehrten Amtsgenossen von der naturwissenschaftlichen Seite meiner Facultæt; es mag da treffende Erneuerung mit unzutreffender wechseln. Wir sagen *Maulwurf:* er wirft aber das Erdreich mit den Schaufeln seiner Vorderfüsse auf; er hat auch nichts von einem jungen Hunde oder gar einem Affen, noch wirthschaftet er in Mauern, und doch nennen ihn jetzt die Franken *Mauraff* und nannte man ihn mittelhochdeutsch gelegentlich *mûlwelf*, *welf* aber ist da zunæchst das Junge eines Hundes: anders und passlicher, uns zwar unverständlich, sind die zwei ältern Namen gebildet, *multwerf* d. h. der den Grund aufwirft und *mûwerf* der das in Heimlichkeit thut: jenes abenteuerliche Mauraff ist aus der volleren Form *mûweraf* hervorgegangen. *Wachholder:* keine Zusammensetzung mit *Holder* Holunder, wenn auch wir, zugleich mit einer Betonung die auf jeden Fall verkehrt ist, so aussprechen und meist auch schreiben, ebenso wenig als *Zapfholdern*, der Name eines Bauernhofes in Baselland, aus *Zapfen* und *Holder* zusammengesetzt ist: sondern *wéchalter* wie es früher geheissen, hat als ersten Theil ein Adjectivum *wechal* d. h. wach, lebendig, als zweiten aber das entstellte Substantivum *triu* Baum: der Wachholder, der *juniperus*, erscheint ja immer lebend und immer jung, und so, als einen Baum der Verjüngung und des Lebens, braucht ihn auch unsere Mythendichtung. *Zapfholdern* aber enthält den auf gleiche Art gebildeten Baumnamen *apfolter* und davor noch ein *zu*, bedeutet also „bei den Apfelbäumen": meine Zuhœrer erinnern sich nun von selbst der Dörfer *Affoltern* im Zürichbiet, früher *Affaltrahe* d. i. Apfelbaumbach, und *Affeltrangen* im Thurgau, früher *Affultarwangen* Apfelbaumfeld. *Mehlthau:* allerdings keine üble Bezeichnung des weissen staubigen Aussehens, das die erkrankte

Pflanze von den microscopischen Pilzen erhält; auch der mittelhochdeutsche Name *milchtou* war nicht unpassend: ursprünglich jedoch hat man *militou*, *miltou* gesagt, und das kommt entweder, wie noch in neuerer Zeit die **mundartliche Form** *Milbthau* begegnet, von *miliwa*, *milwe* Milbe, man sah also die Pilze für ein **Ungeziefer an**; oder aber, **indem man** Mehlthau und Honigthau beide zuerst **mit demselben** Wort benannte, von dem gothischen *milith* Honig. *Hœhenrauch* oder *Hehrrauch* oder **Heerrauch** oder *Herdrauch*, auf welche Form hat die Naturwissenschaft sich jetzt vereinigt? Alle zusammen sind nur **Entstellungen und** zwar eines und desselben süddeutschen Ausdruckes, næmlich *Heirauch*, woneben **auch** *Heiruck*, *Heidampf* und *Heinebel* gilt: *hei* die brennende Sommerhitze. *Wetterleuchten*: diess wieder eine **ganz gute Auffrischung**: das alte Substantivum *Wetterleich* mit seinem Zeitworte *wetterleichen* oder *wetterleichnen* lebt zwar noch in der bairischen und der schwæbisch-alamannischen Mundart und daneben dort mit gleicher Bedeutung *Himmelleich* und *himmelleichen*, kaum jedoch dass man das eine und das andre noch versteht: *leich*, im Altdeutschen s. v. a. Spiel und Tanz, geht auf das zuckende Spiel der entfernten Blitze. Und endlich nun, nachdem Sie nicht ohne Ungeduld solch eine Flut von Beispielen haben über sich ergehen lassen, mœge das letzte in der langen Reihe diess Wort selber sein: denn auch diess ist nur eine Erneuerung und Umdeutung. Die ursprüngliche Form lautet *bispel* und so heisst eine Erzæhlung, bei der noch etwas gemeint ist, durch die noch auf etwas anderes hingewiesen wird, eine Fabel, eine Gleichnissrede: hieraus der neuere Sinn eines zur Vergleichung gezogenen Ereignisses oder Dinges oder Wortes, und dieser so ausgedrückt, dass man den nahe liegenden Begriff der Anspielung hereintœnen læsst.

Ich habe mich bei diesen letzteren Dingen vielleicht nach Ihrem Urtheil unverhältnissmæssig lange, aber doch nicht absichtslos so lange verweilt. Mir scheinen næmlich Beispiele wie die vorgeführten der Erneuerung des Alten besonders geeignet um Ihre Aufmerksamkeit schliesslich auf noch einen Punkt, der für unsre heutige Betrachtung von Belang ist, hinzulenken und noch einen Grundzug anschaulich zu machen, der von je durch die gesammte Sprachentwickelung und schon bei der Sprachschöpfung gewaltet hat.

Wenn die Sprache des Menschen in Allem und Jedem eine unabänderlich strenge Richtigkeit befolgte und nie seitab aus der geraden Linie der Regel wiche, so wære das allerdings ein Merkmal für uns, entweder sie sei lediglich ein Naturereigniss, oder aber, da so ohne weiteres diess nicht anzunehmen noch zuzugeben ist, es wirke bei ihr unausgesetzt Überlegung und Absicht, und Wort für Wort suche und wisse der Verstand sich Rechenschaft zu leisten über jedes einzelne Was und Wie; dann würde auch in den Zeiten, wo es bereits Grammatiker giebt, die Sprache nicht allein von denselben gemeistert, sie würde recht eigentlich deren Werk und Verdienst sein. Dem allem ist aber nicht so: welche nachdenkliche Erwægung wære das, die dazu führen könnte, aus dem *berhten tage* heraus eine *Frau Berchte* zu ersinnen oder *multwurf* und *mûwerf* in *Maulwurf* und *Mauraff* umzuwandeln? Vielmehr liegt gerade in diesen Erneuerungen veralteter deutscher und ebenso in den Umdeutschungen fremder Wörter ein Wink, der auf eine ganz andre Kraft hinweist, welche noch hier thætig sei, auf einen ganz anderen Weg, den der menschliche Geist einschlage, indem er die Sprache fortgestaltet, und schon indem er sie zuerst erschafft. Er geht dabei mit Genialitæt, mit

Naivitæt, so wenig mit Reflexion, sondern auch dabei so durchaus instinctiv zu Werke, wie er instinctiv und ohne jedesmal frisch zu reflectieren die Lungen athmen læsst und die Glieder sich bewegen: so instinctiv, dass man sagen möchte, nicht der Mensch sei es, der diess und das an der Sprache und mit der Sprache thue, es sei die Sprache selbst; so naiv, so naturwüchsig, dass wieder von diesem Standpunkt aus diejenigen nicht so ganz Unrecht haben, denen die Sprache überhaupt nur als ein Gegenstand natur- geschichtlicher Betrachtung gilt; so genial, dass damit ein um so entschiedeneres Urtheil gefällt ist über all jene Halb- gelehrsamkeit und Altklugheit, welche meint, es stehe nur bei ihr die Sprache durch Vorwärts- oder Rückwärtsschieben oder sonstige Erfindungen ihrer Willkür zu verbessern, es sei, da die Sprache eine Schöpfung des menschlichen Geistes ist, die Befugniss jedes Ersten Besten nun auch seines Theils ein Stück Sprache zu machen. Schon das ausgehende griechisch-rœmische Alterthum hatte seine Pedanten dieser Art, und auch die rœmischen Tochtervölker sind nicht arm daran: aber reich daran ist leider zumal unser deutsches Volk, die Deutschen inner- wie ausserhalb der ehemaligen Bundesgrenzen, und sind es gewesen, noch ehe diese Grenzen gezogen waren, schon im achtzehnten, schon im siebzehnten, schon im sechzehnten Jahrhundert. Und nicht genug an dem einen Felde, auf dem die Pedanterei am liebsten ihre Thaten thut und sich Lorbeern erwirbt, nicht genug an der Orthographie, wie dass man mit Gewalt uns gelehrt hat, *selig* verlange ein doppeltes *e*, da es von *Seele*, und *echt* ein ä, da es von *achten* komme, wærend doch *echt* aus *êhaft* d. h. gesetzlich zusammengezogen ist, *selig* aber, althochdeutsch *sálig*, mit *Seele*, althochdeutsch *sêla, sêula*, gothisch *saivala*, nichts zu thun hat, wie übrigens noch jetzt die genauere Aussprache des Wortes zeigt, sondern abgeleitet ist von einem Adjectivum sâl, s. v. a. gut: nicht genug an solchem, noch öfter und noch unbescheidener geht dieses Meistern, das doch nur ein Pfuschen ist, über das Kleid der Schrift hinweg und noch gewaltthætiger an Fleisch und Bein der Sprache selbst. Da heisst man uns *Augenbraunen* sprechen, nicht *Augenbrauen*, mœgen dieselben auch glänzend schwarz oder schneeweiss vom Alter sein, und *gehorchsam* und *kostbillig*, nicht *gehorsam* und *kostspielig*, lieber ein sinnloses als ein halb unverständliches oder nur von dem Lehrer nicht verstandenes Wort: denn *gehœren*, wozu *gehorsam* gebildet ist, hat eigentlich auch den Sinn von *gehorchen*, *kostspielig* aber vertritt ein älteres *kostspildig*, und *spildig* ist, wer viel verthut. Zum Glück indessen halten alle solche Fünde nur selten Stand: das sind nicht gewordene, das sind gemachte Umdeutungen; nicht frei gewachsen, nicht aus der Sprache selbst, sei es auch noch so verkehrt, hervorgetrieben, gleichen sie Reisern, die ein spielendes Kind in den Boden steckt, damit sie schon in der næchsten Stunde welk und morgen verdorrt seien. Ebenso unnaturwüchsig aber und noch ungenialer ist es, wenn wieder Andere nicht mit vermeinter Ausdeutung veralteter und verdunkelter Wortformen uns behelligen, sondern dem gerade entgegengesetzt mit deren Wiederherstellung, so viel sie davon durch Zufall haben kennen lernen, mit der Wiederherstellung des Alten, wo doch die Sprache schon längst ein Neues dafür aus sich erzeugt hat; wenn man zum Beispiel für Sündflut wiederum nach Luthers Bibel *Sindflut* einführen will. *Sünd*flut aber ist geradezu ein Hauptbeispiel gelungenster Spracherneuerung. *Sindflut*, was in aller Welt besagt das noch für unser Verständniss? Die Vorzeit konnte eigentlich jede Ueberschwemmung so benennen; was aber jenen Verbesserern unsrer Sprache noch entgeht, in der ursprünglichen Echtheit des Ausdruckes hat es nicht einmal *sintfluot* geheissen, sondern *sinfluot*, mit demselben verstärkenden *sin*, das wir noch in *Sinngrün*, dem deutschen Namen der Pervinca oder Semperviva, brauchen. *Sündflut* dagegen, welche einfach treffende Umgestaltung! Ein Wort das seine Anwendung ganz bestimmt nur in diesem einen geschichtlichen Bezuge findet und so die Bedeutung gleichsam eines Eigennamens hat, das inhaltsvoll zugleich das Ereigniss und dessen Ursache angiebt, ein recht eigentlich pragmatisches Wort, wie *Sindflut* das fürwahr nicht ist. Und die neuere Form ist keinesweges so neu, als man wæhnt und thut: zwar Luthers Bibel hat sie erst in dem Frankfurter Drucke von 1589: aber früher, als jene überhaupt in die Welt getreten, sagt z. B. schon Niclas Manuel auch *sündtfluss*.

Geehrte Versammlung, wir nennen es in politischen Dingen einen Frevel gegen das hœhere Recht der Geschichte, eine Auflehnung gegen die Gedanken Gottes, die nach unserm armen Verständniss sich in ihr bewegen, wenn eine Partei mit rücksichtloser Ueberstürzung vorwärts oder mit Widerstreben aufs neue zurück will; wir nennen es einen Frevel gegen die Heiligkeit der Wissenschaft, wenn ein Diener derselben geschichtliche Thatsachen oder Wahrnehmungen aus dem Reiche der Natur muthwillig verfälscht: warum denn soll die Sprache in Rechtlosigkeit dastehn? Auch sie ist geschichtlich geworden, geschichtlich gegeben, und zugleich schliesst auch sie eine Summe von Erscheinungen in sich, die wesentlich in den Bereich der Naturwissenschaft gehœren und deshalb nur durch eben jenes exacte Forschen zu erkennen sind, das man den Studien der Mathematik und der Natur als unterscheidendes Merkmal

vorzubehalten pflegt. Dass aber eine solche Betrachtungs-
und Betriebsweise in der That schon längst gewonnen, solch
ein Standpunkt je mehr und mehr unter uns befestigt ist,
dass somit die kundigen auch gelernt haben die Grammatik
über die Willkür der Grammatiker und die Sprache selbst
über das bewusste und befliessene Dazuthun der Sprechenden
erheben, muss als eine der grœsten Errungenschaften unseres Jahrhunderts bezeichnet werden: denn erst auf diesem
Wege sind wir und sind wir zuerst zu einer Wissenschaft
der Sprache gelangt, welche des hohen Namens werth ist,
zu einer Sprachwissenschaft, wie sich ihrer kein früheres
Zeitalter rühmen durfte. Dem Manne, der vor allen Anderen
den Grund dazu gelegt und selbst auch das Gebäude hoch
und fest emporgeführt, der durch Zergliederung der Sprachen
des indogermanischen Stammes Geheimniss über Geheimniss
des Sprachenwachsthums aufgedeckt und durch weitausgrei-
fende Vergleichung den Blick über ein Netz lebendiger
Wasser eröffnet hat, die alle aus einem und demselben
Urquell strœmen, FRANZ BOPP, sind am sechzehnten Mai
dieses Jahres, als dem fünfzigsten Gedächtnisstag seines
ersten und sofort bahnbrechenden Werkes, die Danksagungen
und Wünsche Europas und nicht Europas allein dargebracht
worden: gern nehme ich des spæteren heutigen Festanlasses
wahr und benütze, so dass noch dem letzten Wort eine
hœhere Weihe zu Theil wird, diesen Festvortrag um dem
grossen Manne nun auch in Ihrem und, bescheiden wie es
mir geziemt, in meinem Namen den Zoll dankbarer Ehr-
erbietung auszusprechen.

Die vorliegende Rectoratsrede wird hier aus dem Nachlasse des Verfassers in derjenigen Gestalt veröffentlicht, in welcher sie vor einer aus Gelehrten und Laien gemischten Zuhœrerschaft ist gehalten worden. Bei spæterer Gelegenheit („Sammlung der kleineren Schriften von Wilhelm Wackernagel") wird diese Rede in etwas erweiterter Fassung und mit zahlreichen, zunæchst für gelehrte Kreise bestimmten Anmerkungen erscheinen.

www.ingramcontent.com/pod-product-compliance
Lightning Source LLC
Chambersburg PA
CBHW021230260626
47172CB00002B/698